Gemmetje Victoria

Zie pagina 237 voor eerdere publicaties
van Yvonne Keuls

Yvonne Keuls

Gemmetje Victoria

Ambo|Anthos
Amsterdam

MIX
Papier van verantwoorde herkomst
FSC® C014496

ISBN 978 90 263 5803 6

Omslagontwerp Margo Togni
Omslagillustratie © Ivan Ozerov / Getty Images
Foto auteur © Jacqueline de Haas

Verspreiding voor België:
Veen Bosch & Keuning uitgevers nv, Antwerpen

Voorwoord

Halverwege de jaren zeventig is ze schreeuwend bij mij terechtgekomen, vergezeld van een stapel rapporten die haar leven met een enkel woord afdeden. Ze smeet meteen een paar schoenen naar mijn hoofd, want ík vertegenwoordigde de vijandige maatschappij die haar van haar moeder had gescheiden en die er de oorzaak van was dat ze van kindertehuis naar kindertehuis was gestuurd. Zeventien in totaal. En van pleeggezin naar pleeggezin. Acht pleeggezinnen hadden hun tanden op haar stukgebeten. Zelfs psychiatrische inrichtingen had ze vanbinnen gezien. Niet omdat ze een psychische stoornis had, maar omdat haar opvoeders zich geen raad wisten. Van vrijwel al die plekken is ze in wanhoop en woede weggevlucht. Uiteindelijk kwam ze bij mij. Een wilde kat. Van dit kind ga ik houden, wist ik. En zij van mij. Als we elkaar tenminste niet vermoorden.

Ik werkte als vrijwilliger in een pas geopend opvanghuis en ze wees mij aan als begeleider. Ze trok aan me en duwde me weg. Trok, duwde, trok. Ze schold me uit, paaide me met lieve woordjes en heeft me de eerste drie weken, naast haar schoenen, alles wat los stond of voor het grijpen lag – asbakken, bestek, het telefoonboek, flesjes water, de inhoud van de fruitschaal, een nog bevroren Iglo-maaltijd en wat al niet meer – naar mijn hoofd gesmeten. Uit voorzorg was ik op m'n qui-vive als ik me verplaatste door het opvanghuis en tot mijn verbazing wist ik alles wat om me heen vloog te ontwijken. Ik reageerde ook niet op haar gedrag. Ik voelde aan dat ze me testte en ik wilde haar de kans geven – die ze waarschijnlijk nooit eerder had gekregen – om haar grens op te zoeken. Wanneer zou ze accepteren dat ze mij zélf als begeleider had gekozen? Dat moment kwam na drie weken. Ze was lichamelijk op, gebroken, door haar gevecht met zichzelf en haar eenzijdige gevecht met mij, en stortte zich plotseling huilend in mijn armen.

'Nou, jij weet het toch zo goed,' riep ze tussen haar snikken door, 'zeg jij dan maar wat er met mij moet gebeuren.'

Ik gaf haar geen antwoord. Ik hield haar stevig vast en wiegde haar.

1

'Hé jij, jij daar, die lange met die lange poten, jij kan wel es wat voor mij doen. Want daar zit je hier toch voor, je zit hier toch niet om uit je neus te pulleke, nou dan.'

Ik keek op van mijn werktafel, die nog vol stond met ingepakte dozen, want ons opvanghuis was pas een paar dagen open. Ik zag tot mijn verbazing een tenger meisje met een sproetenkop, brutale, groenbruine ogen die alles in de gaten houden, en een opvallend mondje, gemaakt voor nietsontziend commentaar. Haar natuurlijke schoonheid overrompelde me. Ze had woeste, rossige krullen waar ze met beide handen in wroette zodat haar haren, als ze niet voor haar ogen hingen, stug overeind bleven staan. Ze lag nonchalant in een stoel en observeerde mij. Eén been had ze over de leuning geslagen. Als iemand lange poten had, was zij het wel.

'Maak es een kop koffie, man, ik heb de hele dag rondgelopen, sta niet zo stom te kijken, jij. Ik heb het tegen jou.' We keken elkaar een poosje doordringend aan. Zwijgend. Toen zei ze: 'Beetje Haagse kakmadam jij, hè? Goeie familie, studie mogen doen, een beetje vrijwillig voor de maatschappij lopen klooien, beetje rondkijken in de arme wijken, altijd goed voor je naam.'

Waar kwam dat kind vandaan? Zat ze er al lang? Was ze naar binnen geslopen? De deur stond overdag open, ik had daar al eerder bezwaar tegen gemaakt, maar mijn collega-vrijwilligers in de hulpverlening vonden dat een open deur ons handelsmerk moest zijn. Iemand zonder onderdak moest bij ons ongehinderd naar binnen kunnen lopen. Ze had een wit bontjasje aan, daaroverheen een ruimvallende rode, wollen sjaal, twee rokken, één halflange, één korte eroverheen, een schots geruite maillot en witte sneakers. Naast haar stond een vuilniszak, volgepropt met kleren – dat nam ik aan tenminste, want ik zag er een mouw uit hangen. Ineens herinnerde ik me dat ik even tevoren iets met een smak had horen vallen. Dat moest die vuilniszak geweest zijn die ze naast haar stoel op de grond had gegooid. Omdat ik aan het telefoneren was en aantekeningen maakte, drong dat niet tot me door. Voor de zekerheid keek ik om me heen. Niemand. Niemand die kon doorgaan voor 'die lange met die lange poten'. Ik moest degene zijn tegen wie ze sprak. Of schreeuwde, in dit geval.

'Hoe heet je?' vroeg ik haar. Ze trok een schoen van haar voet en smeet hem naar mijn hoofd. Ik kon hem nog maar net ontwijken. Hij sloeg met een klap tegen de muur achter mij. Ik sprong geschrokken op. Ze lachte hard om mijn reactie.

'Schijterd,' zei ze. Ze keek een poosje om zich heen. 'Hé, dit is toch zo'n huis voor mensen die ergens uit gemieterd zijn?

Soort Leger des Heils, maar dan zonder Jezus? Ik kreeg jullie adres op een briefje. Niet te vinden natuurlijk. Wie gaat er nou in de duinen zitten, waar geen tram je kan bereiken? Ik heb ten slotte maar een taxi genomen. Betaald van het geld van de sociale dienst. Haha. Lening, zeiden ze. Nou, zie maar terug te krijgen.'

'Hoe heet je?' vroeg ik weer.

'Je kan toch lezen? Staat in die stapel rapporten die daar naast die dozen ligt. Die hebben ze vooruitgestuurd. Het is de bedoeling dat je die leest.'

Ik legde mijn hand op de stapel, maar bleef haar aankijken. 'Ik lees nooit rapporten,' zei ik, 'dus ook niet de jouwe. Als het nodig is, leer ik je wel kennen.'

Ik zag dat ze onrustig werd. Ze ging staan, zweeg en hield mij in de gaten. Ze begon te wiebelen, van het ene been op het andere, waarschijnlijk zoekend naar het volgende voorwerp dat ze naar mijn hoofd kon smijten.

'Is er geen asbak hier? We mogen toch wel roken? In alle psychiatrische inrichtingen roken ze als de pieten. Maar daar heb jij natuurlijk nooit gezeten, haha.' Daarna, met een knikbeweging naar de rapporten: 'Staat een stempel op. Op al die rapporten dezelfde stempel: ONHANDELBAAR. Bedoelen ze mij mee.' Ze maakte agressief het stempelgebaar en keek aandachtig hoe ik daarop reageerde.

'Ik wist niet dat daar een stempel van bestond,' zei ik rustig.

'Naïef tiepje, jij, hè. Bij jeugdzorg gaan ze zuinig om met hun tijd. Als je een stempel hebt, hoef je namelijk niks op te schrijven, kan je eerder naar huis.' Ze lachte spottend.

'Nou... hoe heet je?'

'Gem,' zei ze. 'Gemmetje Victoria. Officieel alleen Gemmetje. Victoria werd mijn achternaam omdat ze die niet wisten. Iemand heeft dat bedacht omdat ik altijd weer kwam bovendrijven. Staat tenminste in een van die rapporten, maar niemand weet of het waar is. Eigenlijk best leuk om rapporten over jezelf te lezen. Allemaal gelogen natuurlijk. Hebben ze allemaal geschreven om zichzelf belangrijk te maken. Heb jij zelf geen naam?'

'Yvonne,' zei ik.

'Ja, dáár moest ik naar vragen. Naar Yvonne. Jij bent die schrijfster, hè, dat vind ik interessant. En jij vindt míj vast ook interessant. Om over te schrijven, zeiden ze. Niet om wie ik echt ben, want dan moet je tijd in me stoppen en daar heeft niemand zin in. Als jij over mij gaat schrijven, word ik dan beroemd? Misschien gaan ze dan wel een film over mij maken. Word ik nog rijk ook. En jij samen met mij. Dat is een goeie combinatie, hoor, jij en ik. De beste kans van slagen.'

'In wat?' vroeg ik.

'Nou, dat ik er niet meteen weer uit gemieterd word. Het lijkt me hier wel wat, zo'n groot huis in de duinen. Hoeveel kamers hebben ze hier wel niet?'

'Een stuk of dertig.'

'Godsklere... nou, dan mag ik zeker wel een eigen kamer hebben. En kan mijn kamer op slot? Want ik wil wel een kamer die op slot kan. En mag ik mijn kamer even zien?'

'Straks.'

Na een poosje zwijgend om zich heen kijken richtte ze haar blik onderzoekend op mij.

'Zo, jij bent dus schrijfster. Ik heb ook altijd schrijfster willen worden, om te vertellen hoe ze mij gemold hebben, zodat ze dat niet met andere kinderen gaan doen. Waar schrijf je over? Toch geen flauwekul, hoop ik, doktersromannetjes of zo, want dan sta ik mijn tijd hier te verpesten. Wat ben jij eigenlijk voor iemand?' zei ze.

Waarschijnlijk omdat ik een vragend gezicht zette, nam ze zelf maar weer het woord. 'Ja, je moet altijd maar afwachten hè, bij welke "hulpverlener" je terechtkomt. Sommigen doen zich heel aardig en vooral interessant voor, maar het zijn etters. Ja, ik heb ervaring. Ik heb in zeventien kindertehuizen gezeten, daar ben ik weggestuurd of zelf weggelopen, tussendoor nog pleeggezinnen, stuk of acht, met pleegvaders die niet met hun tengels van me af konden blijven, of zoontjes die bij me in bed kropen, en daar kreeg ík dan de schuld van. En een keer een psychiatrische inrichting, per vergissing geloof ik, en dan ook nog Zetten, daar kwam ik terecht op de gesloten afdeling vanwege gedragsproblemen. De psychiater die mij moest behandelen vond mij wel iemand die hém kon behandelen. Dat heeft nog uitgebreid in alle kranten gestaan, want ik heb hem aangegeven. Zetten... Dat vertel ik je later nog wel. Ben ik dus ook weggelopen. Meer gevlucht ben ik daar. Met mijn vriendin. Priscilla. Nou, dat was het zo'n beetje. Vandaar dat ik niet iedereen meteen mag. Maar jou eigenlijk best wel.'

Ze begon met haar lichaam te draaien. 'Wat vind je van mijn jasje? Mijn bontjasje? Is origineel lijp palingbont, haha. En mijn schoenen? Gejat. Ik jat alles, dan weet je dat alvast. Dus let op je spullen. Ik vind het spannend, jatten. Dat ze je niet snappen, bedoel ik.'

Ze liet zich weer op de stoel vallen en trok de schoen die ze nog aanhad van haar voet. 'Eèh...' riep ze hard, 'zere tenen,' en ze begon haar voet te masseren terwijl ze mij uitdagend aankeek. 'Hele dag rondgelopen en op het station gestaan. Wat zeg ik, een paar dagen, station hier, station daar. Ja, waar moest ik anders heen, ik heb geen buitenhuis, dat ik daar es kan relaxen.'

Plotseling hoorde ik een geluid waarmee doorgaans een kat wordt weggejaagd: 'Kssst.' En omdat ze tegelijkertijd haar hand met de schoen ophief, draaide ik me snel om en sprong ik naar de gang. De deur trok ik hard achter me dicht. Net op tijd, want ik hoorde haar sneaker ertegenaan knallen.

'Schijterd.' Ze schaterde het uit.

2

De periode dat ze officieel in ons opvanghuis mocht blijven – drie maanden – verstreek, want we konden moeilijk onderdak voor haar vinden en, wonderbaarlijk genoeg, ze ging zich bij ons thuis voelen. Het was het eerste huis waar ze zich niet bedreigd voelde en dus niet weg wilde. Ze verzon van alles om maar bij ons te mogen blijven. Ze ging zich nuttig maken, klusjes doen. Ze verveelde zich nooit. Het wegwijs maken van nieuwe cliënten was haar favoriete bezigheid. Ze kletste ze bij, zei ze. Het kwam er eigenlijk op neer dat ze de doopceel lichtte van alle begeleiders, maar ze deed het niet kwaadaardig, liet zelfs blijken dat ze voor ons door het vuur ging, dus we lieten het maar zo. Verder deed ze boodschappen, hield ze de tuinen bij en hielp ze de kok met het snijden van groenten. Ze bood zelfs aan om – tegen betaling van zakgeld – als vrijwilligster bij ons te komen werken. Maar daar stak Ard, onze coördinator, een stokje voor. 'Als we dááraan gaan beginnen, dan zitten we hier straks met tweehonderd vrijwilligers,' zei hij.

Maar Gem trok zich niets aan van wat Ard zei. Als de telefoon ging, was zij de eerste die de hoorn te pakken had. 'Ja, met Gem,' zei ze, 'medewerkster van het opvanghuis, zeggu het maar,' en dan keek ze brutaal om zich heen om te zien of wij dat wel gehoord hadden.

We legden ons erbij neer dat ze regelmatig het stokje van ons overnam. 'Er wordt hier niet geblowd, anders flikker ik je eruit,' en 'heb je weer in je bed gepist, rotjong, ga het zelf maar schoonmaken'. En als dat niet naar haar wens gebeurde, pakte ze 'het rotjong' bij zijn arm en sleurde ze hem naar de plaats des onheils. 'Ik zal het je voordoen, een emmer met chloor, de pisboel in een andere emmer en dan gaat dat schoonmaken zó.' En dan deed ze het voor, om ten slotte het arme rotjong te troosten, haar armen om hem heen te slaan en zachtjes te zeggen: 'Ach jij kan er toch ook niks aan doen, ik help je wel, maar gatver, je stinkt zo naar pis, ik zet je eerst onder de douche.' En zo sukkelden we met haar voort. We hadden niet het hart deze ontroerende schreeuwerd weg te sturen en voor we het wisten was ze een half jaar bij ons. Soms bracht iemand haar in de vergadering in als 'agendapunt'. 'Jongens, ze zit hier maar, ze bemoeit zich met alles, we krijgen geen cent betaald voor haar, zo gaan we toch failliet? We moeten haar ergens naartoe krijgen.' Maar dan steeg er gezucht op, of je hoorde zacht: 'Dan is ze binnen een dag weer terug,' en: 'Ach, laat haar maar hier, het gaat zo goed met haar.'

En dat was zo. De magere spriet – we schatten haar op nog geen vijftig kilo – had blosjes op haar wangen en kreeg er zichtbaar ook wat grammetjes bij. Ze ging erbij horen. En het halve jaar kreeg de kans om stug door te lopen richting het jaar. We waren zelfs gewend geraakt aan die schreeuwstem van haar, die door het hele huis te horen was. 'Gem weer,' zeiden we hoofdschuddend en met een glimlach.

En wat ik nooit had gedaan, deed ik met Gem: ik nam haar mee naar huis. De eerste keer omdat ze 'mijn tuin wilde doen'. En omdat ze het zo netjes deed en zo leuk vond, nam ik haar nóg eens mee, en omdat mijn dochters haar zo leuk vonden nóg eens, en intussen voegde Gem zich ongevraagd bij mijn steeds uitdijende familie, man, dochters, aanhang, en niet te vergeten al die vrienden die bij ons thuis in en uit liepen. Totdat Ard mij bij zich riep in zijn kantoor.

'Niet doen,' zei hij. 'Geen cliënten mee naar huis nemen, dat is een ongeschreven wet hier.'

'Dat weet ik wel,' zei ik, 'maar... '

'Níét doen. Ik heb twintig jaar ervaring in dit werk en ik heb te vaak meegemaakt dat er narigheid van komt, zelfs bij de beste relaties.'

'Ja, maar Gem...' zei ik.

'Niet doen,' zei hij.

3

In dat premobieltjestijdperk liet ze altijd briefjes voor me achter, ze legde ze op de trap, of ze frommelde ze in mijn jaszak, zodat ik ze soms dagen later zou ontdekken en lezen. *Lekker wijfie van me, waarom kom je zo laat? Moet je niet werken vandaag? Je weet toch dat ik met Ard naar de sociale dienst moet? Gem.*

Of: *Godverdegodverdegodver... kom ik dat hele eind speciaal voor jou op die rotpoten van me, ben je er niet. Gem.*

Vaak heb ik geprobeerd haar wat 'fatsoenlijker' te laten schrijven. Op de lijn blijven. Niet door de woorden knoeien. Ze gebruikte haar vodjes niet alleen voor berichtjes. Ze stuurde me ook simpele, ontroerende versjes. Sommige heb ik bewaard, zoals ik ook de tekeningen van mijn kinderen heb bewaard, in een doos boven in de kast. Ik doe er niets mee, maar toch... Versjes zoals: *Pas als je iemand hebt, die met je lacht en met je grient, dan pas mag je zeggen, ik heb een vriend.* En ook: *Liefde is om van elkaar te houden.* Met haar naam eronder, zodat ik ervan uitging dat ze ze zelf gemaakt had. Ik kreeg steeds meer van zulke lieve versjes van haar en ik had altijd het gevoel dat de teksten me bekend voorkwamen. Het heeft lang geduurd voor ik begreep dat ze van Toon Hermans waren, dat ze die zelfs woordelijk overnam uit een dichtbundel van hem. Toen ik haar daarop attent maakte, zei ze: 'Nou en. Als je een gedicht mooi vindt, is het ook van jou, dan had jíj het ook kunnen maken. En dan mag je dus ook je naam eronder zetten. Dus zet ik er Gem onder.'

Op een dag had ze op de deur van mijn werkkamer een briefje geprikt. *De kleine kannibaal heeft zonder het te weten haar eigen mamma opgegeten. Gem.* Ik heb daar lang mee in mijn handen gezeten. Was dat van Annie M.G. Schmidt? Of van Willem Wilmink? Had ze het mooi gevonden en het zich brutaalweg toegeëigend? Van hen afgepikt? Omdat pikken voor haar een vorm van leven was? Het krijgen van een identiteit? Gewoon haar naam eronder. Of had ze het deze keer zelf geschreven? Als dat zo was, dan had dat kind talent, ik zou haar moeten stimuleren. Wat een prachtige zin, om nooit te vergeten, vooral met die diepzinnige achterliggende gedachte. Volgens mijn recente inzichten, gevoed door psychologen, eten kinderen inderdaad hun moeders op. Had ze echt het gevoel dat zij haar mamma had opgegeten? Ik vroeg het haar. 'Misschien,' zei ze. 'Het is een liedje. Eén regel die steeds gezongen wordt. Steeds een octaaf hoger.' En ze holde weg. Maar 's avonds kwam ze schuchter bij me terug. 'Je hebt gelijk,' zei ze, 'het voelt als mijn moeder opeten, omdat ik niet weet wie mijn moeder is... Want mijn echte moeder kwam van een boerderij. Ze was zeventien toen ze zwanger werd en dat kon niet in een boerengezin met negen kinderen. En daarom brachten ze mijn moeder naar de nonnen, waar ik geboren werd. En ik moest weg. Er kwamen twee vrouwen van jeugdzorg en die namen me mee. Dat hebben ze me wel verteld. Ik heb mijn moeder nooit gezien. En niemand wil mij vertellen wie mijn moeder is. De kinderbescherming niet en jeugdzorg al helemaal niet. Misschien heb ik haar wel opgegeten. Ze hebben me wel verteld van die boerderij. Jeugdzorg wil het niet zeggen en de kinderbescherming ook niet.

Daarom zing ik het steeds een octaaf hoger.'

Octaaf... Dat woord kende ze dus. Toen ik ernaar vroeg, vertelde ze: 'Ja, in mijn derde pleeggezin hadden de kinderen muziekles. Ik ook. En ze hadden een piano en daar mocht ik ook op spelen. Ik was muzikaal, zeiden ze. Ze waren heel lief voor me daar. En ik had een eigen kamer. Ik moest 's nachts wel mijn deur op slot doen. Maar je hoeft niet alles te weten. Ja, je moet natuurlijk wél alles over me weten, want je gaat een boek over me schrijven.'

Ik grinnikte. 'Hoe kom je daar toch bij?'

'Omdat ik dat voel.'

4

'Wist je dat ze zwanger was?' Ard hield me staande.

Wat nou weer? Ik was doodmoe. We waren al bijna een maand bezig om in wisselende combinaties ons opvanghuis, dat slechts een jaar zijn bestaansrecht had mogen bewijzen, uit te mesten en in 'oude' staat terug te brengen, zodat het Leger des Heils de nieuwe bewoner kon worden. Een jaar lang jonge ontheemden een tehuis geven had z'n tol geëist.

Ik liet me tussen de rommel op een stoel vallen. 'Wie is zwanger? Er is altijd wel iemand zwanger.'

'Gem,' zei Ard.

Ik schrok. 'Jezus.'

'Nooit rekening mee gehouden?'

Inderdaad. Allerlei plannen met haar uitgewerkt, maar er nooit aan gedacht dat zij die omver zou gooien door simpelweg zwanger te worden. Het pleeggezin waar ik bij toeval een halfjaar geleden contact mee kreeg, was geschapen voor haar. De enige dochter was door een bromfietsongeluk twee jaar terug overleden, de zoon zocht vanaf dat moment zijn heil bij een vriendin en vrienden en op straat, de ouders rouwden ieder op hun eigen manier en vervreemden van elkaar. Gem vulde het gat dat was ontstaan, en bracht door haar brutale vrolijkheid en de zorg die ze nodig had de familie weer een beetje bij elkaar. Pleegmoeder Pien stortte zich op dit pleegkind. Vergetend dat Gem al een leven vol ellende met zich meedroeg, sjouwde ze haar met zich mee door de Schilderswijk, waar ze al van kinds af aan woonde. Vooral op de markt amuseerden ze zich kostelijk. Hier wat eten en daar wat proeven. En Gem mocht van Pien kopen wat ze wilde, jasjes, blousejes, schoenen, ja, schoenen! Passen, met iedereen aanpappen, met de armen om elkaar heen rondsjokken, allebei hadden ze al tijden niet zoveel aanhankelijkheid kunnen tonen. En Pien liet vooral niet blijken dat ze rouwde om een verloren dochter met wie ze nooit een intieme band had gehad. Nee, ze had nu Gem. Bovendien had ze erop gestaan dat ze ook de 'onhandelbaarrapporten' mee naar huis kreeg en die las Pien met rode oortjes. Ach, wat had dat arme kind allemaal meegemaakt, achachgutgut, kom maar lekker bij Pien.

Ik voelde boosheid opkomen en zei tegen Ard: 'Waarom hoor ik dit van jou en niet van haarzelf? Ze heeft alle asbakken en verder alles wat los stond in huis naar mijn kop gegooid, ik ben een jaar lang haar begeleider geweest, ze heeft mij zelf gekozen, ze had ook jou kunnen kiezen, of wie hier ook maar rondloopt. Ik heb een goed pleeggezin voor haar gevonden. En help me herinneren dat Pien de rapporten terugbrengt, want die moeten weer terug naar jeugdzorg.'

Ard luisterde, knikte en zei: 'Die Guus, de zoon in dat gezin, heeft haar zwanger gemaakt.'

'Hoe weet je dat?'

'Haar pleegmoeder was hier vanmorgen. Ze wil een oplossing zoeken, ze wil Gem en haar kleinkind niet kwijt.'

'En die zoon ook niet?'

'Ook niet. Die zoon overigens, dat is nog niet de kwaadste.'

'O nee? Iemand nog gevraagd wat Gem zelf wil? Misschien wil zij die pleegmoeder én die zoon wel kwijt.'

'Die pleegmoeder is een goed mens, ze wil een gesprek met jou, en die zoon, die Guus, wil graag meekomen,' zei Ard. 'Op zich positief, zou ik zeggen.'

'O ja? Volgens mij komen ze er zelf wel uit. Dat zijn jouw woorden toch altijd?' Ik stond op, pakte een doos van de grond en propte die vol met rotzooi. Ik liep naar buiten om de doos in een vuilcontainer te kieperen. Quasiverschrikt sprong Ard voor me opzij. 'Ik dacht even dat je mij er ook in zou gooien.'

5

'Wat wil je zélf?' vroeg ik haar.

'Ard zegt dat ik verstandig moet zijn. Ik kan geen kant uit met een kind en ik was nu juist bezig...'

'Dat vroeg ik niet,' onderbrak ik, 'ik vroeg wat je zelf wil.'

'Ard zegt dat ik hartstikke slim ben en dat ik nog jong genoeg ben om een vak te leren en dat ik...'

'Wat voor vak?'

'Weet ik het. Ik vind haren leuk en een nagelstudio en tattoo en model, fotomodel, ach, weet ik het. Ik weet niet wat ik wil...'

Plotseling gooide ze zich tegen me aan. Heftig snikkend kwam eruit: 'Ik weet het écht niet. Zeg jij het maar.'

Ik sloot mijn armen om haar heen en al weer wiegde ik dat tengere lijfje. Ik streelde haar zacht over haar rossige haar. 'Sst,' fluisterde ik.

Ze sloeg ineens haar hoofd naar achteren. 'Kijk uit,' riep ze, 'ik heb luis, straks krijg jij het ook.'

6

Een paar dagen erna stond ze 's avonds laat voor mijn deur. Vuilniszak met spullen in haar armen geklemd. En al weer zo'n mouw die eruit bengelde. Duidelijk in grote haast vertrokken bij pleegmoeder Pien.

'Niet schrikken,' zei ze, 'ik kom niet bij jou, want dat mag toch niet van Ard, maar ik dacht: ik kan misschien bij zuster Van der Mast en jij kan me misschien brengen.'

Zuster Van der Mast, een non van de Congregatie van de Zusters van Liefde, Zus zoals ze door iedereen werd genoemd. Ze had zich in de Schilderswijk een aantal saneringspanden toegeëigend – ze was eigenlijk de eerste kraakster van Den Haag – waar ze daklozen en verslaafden eten, medische hulp en onderdak verschafte, en soms zelfs een nieuwe blik op de toekomst. Zus had mij verschillende malen geholpen wanneer ik geen onderdak kon vinden voor een te lastig klantje en daarbij had Gem ook een helpende rol kunnen spelen. Zus had Gem leren waarderen en zou haar zeker niet de deur wijzen. Bovendien had Zus net eigenhandig weer een muur doorgeslagen en op die manier 'het belendende perceel geannexeerd', zoals ze zelf chic rondvertelde. De gemeente Den Haag zat in z'n maag met deze eerbiedwaardige – en populaire – non, maar durfde haar er niet uit te gooien. Eigenbelang waarschijnlijk, want de 'onplaatsbare Haagse noodgevallen' werden door de politie bij Zus gedumpt. Zus zat wat je noemt geheid. En dat was natuurlijk ook Gem ter ore gekomen.

'Ach, breng jij me even naar Zus?' Ze keek me afwachtend aan.

'Ruzie met Pien gehad?'

'Niet mee bemoeien. Breng je me?'

'Is goed,' zei ik, en ik pakte mijn jas en mijn autosleutels.

Ze danste zowat voor me uit, dekking van mij stond kennelijk hoog op haar lijstje. Achteraf niet nodig, want de perikelen van pleegmoeder Pien waren de hele Schilderswijk al doorgegaan en hadden vanzelfsprekend ook Zus bereikt. Zus zou Gem zeker binnenlaten.

Via haar spiegelverklikker had ze ons voor haar deur zien staan. 'Nou, je bent hard nodig,' zei Zus, 'de zaak moet flink worden opgeknapt en jij hebt een paar stevige handjes. Bovendien kan jij dat gespuis dat hier binnenkomt goed van repliek dienen.' Enthousiast trok ze Gem aan een arm naar binnen. 'Je kan hier je kind krijgen, maar kom eerst maar eens op met jóúw versie van het verhaal. En je weet het: tegen mij níét liegen en van mij niet jatten, want dan trap ik je vierkant de deur uit.'

7

Haar kind kreeg ze in de kraamkliniek in de De la Reyweg. Een stevige jongen van bijna zevenenhalve pond die van zijn moeder de naam Dicky kreeg. Eenmaal in een luier gerold, kreeg ze het jochie in haar armen en het eerste wat ze uitbracht was: 'Eèh... Eng, zo'n kind. Straks laat ik hem vallen.' Een geduldige verpleegster probeerde haar te leren hoe ze hem kon koesteren. Maar Gem bleef het eng vinden, kneep zo hard in zijn lijfje dat de verpleegster het verstandiger vond om het jochie uit die houdgreep te redden. Maar dat was ook niet de bedoeling van Gem, ze trok haar Dicky terug, het leek er even op dat de verpleegster zou winnen, maar na een fikse ruk aan Dicky's hoofd – en de uitroep 'Is van mij' – was Gem de eigenaar geworden van het jongetje. Hoofdschuddend keerde de verpleegster zich af, mompelend dat ze 'straks nog wel even kwam kijken'.

Aan het kraambed verschenen even later twee goede feeën. De eerste, en voor Gem de belangrijkste, was Zus. Ze kwam ook net op tijd, want vóór haar waren twee vrouwen gekomen, gezondenen van jeugdzorg, die Gem ervan probeerden te overtuigen dat ze die dikke schreeuwerd beter kon afstaan. Gem was te jong en niet in staat haar zoon op te voeden. Het scheelde weinig of Zus had de dames bij kop en kont gepakt en de trap af gesmeten. 'De deur uit, jullie!' schreeuwde ze en ze duwde ze zonder pardon een eind in de goede richting. De tweede goede fee, pleegmoeder Pien, stond op dat moment onderaan de trap en mocht het tafereel bijna lijfelijk meemaken. Ze drukte zich tegen de muur van het trapportaal om niet met de dames meegesleurd te worden. Intussen stond de jonge moeder wankel op, legde haar kind ergens in bed neer en schreeuwde: 'Wat gebeurt? Hé, wat gebeurt?' De kreet die je meteen doet beseffen dat je in de Schilderswijk bent. 'Niks gebeurt,' riep Zus, 'tenminste, zolang ik er met mijn neus bij sta.' Ze kwam met Pien de kraamkamer binnen, innig verstrengeld, want in de Schilderswijk krab je elkaar de ogen uit of je legt je ruzie na een paar dagen weer bij, vooral als je samen een kind krijgt. Zus, de zorgmoeder, Pien, de pleegmoeder, samen de grootmoeder, de Eenmalige, ze waren nou niet direct dikke vriendjes, maar vielen elkaar feliciterend en met tranen van geluk om de hals. Daarna was Gem aan de beurt, maar zij had intussen de grote vuilniszak ontdekt die Pien met zich meetorste en die, wie weet, waarschijnlijk, ja, vást wel vol zat met cadeautjes. Gem stortte zich op de vuilniszak terwijl Zus een stoel voor Pien naar het bed trok.

De vuilniszak werd leeggeschud boven het bed. Gem krijste het uit van plezier en duwde haar zoon, die in de weg lag, uit enthousiasme bijna van het bed, maar goddank, Zus kon hem grijpen en gaf het kind meteen over aan Pien. De geschenken rolden alle kanten uit. Rompertjes in alle maten en kleuren. Slabbetjes, mutsjes, een badjasje, een zelfgebreide omslagdoek en speelgoed voor kinderen die al konden praten en lopen en dan ook nog een batterij zuigflessen, want Pien ging ervan uit dat Gem geen moeder was die haar kind aan de borst legde.

'Nou, mooi hoor,' zei Gem, 'dank je wel, maar ik heb het nu wel gezien, stop maar weer in de vuilniszak en stop mijn rotzooi dan tegelijk in *míjn* vuilniszak, want ik ben hartstikke moe en ik wil nou weleens weg hier.'

'En het kind dan?' vroeg Pien, met een blik naar Zus. Dit was het moment waar ze samen tegen op hadden gezien. Nu moesten ze Gem vertellen dat ze niet meer heen en weer kon pendelen. Dagje Zus, dagje Pien, bij Pien of bij Zus een paar dagen rondlummelen, een nachtje de hort op met eendagsvriendinnen, paar dagen in bed blijven hangen, nachtje helemaal niet op komen dagen, tegen de ochtend thuiskomen bij Pien of bij Zus – dikke buik of geen dikke buik – en daar doodgemoedereerd in bed kruipen.

'Dat kind loopt niet weg, dat kan hier toch wel in die kliniek blijven? Dat kind hoeft alleen maar eten te hebben,' zei Gem.

'Had je gedroomd,' zei Pien, 'dat kind gaat met jou mee naar *míj*, ik ben officieel je pleegmoeder, dat is zo geregeld met jeugdzorg, of met de kinderbescherming.'

'Ja,' beaamde Zus, 'dat is zo geregeld, daar heb jij bij gezeten, en Pien gaat jou leren hoe je moeder moet zijn.'

'En dat kind moet ook gewassen en verschoond worden,' zei Pien.

'Wat een gedoe,' zei Gem, 'kunnen jullie dat niet doen?'

'Nee!' riepen Pien en Zus tegelijk.

Gem haalde haar schouders op. 'Nou goed, ik ga wel mee.'

Ze zag in de gang nog een paar sneakers staan die een kermende kraamvrouw kennelijk uitgeschopt had en die een stuk mooier waren dan de hare en, verdomd, ze pasten... en zo slofte ze achter Pien en haar Dicky aan.

Het bleek al gauw dat 'moeder zijn' niet valt te leren. Gem stond in ieder geval niet open voor de lessen van Pien en op haar beurt was Pien wel een echte mem maar geen groot didacticus. Het kleine mannetje had bovendien geen boodschap aan de een noch de ander en blèrde de godganse dag zijn eigen repertoire. De huisarts werd geraadpleegd en tja, die vond dat de kinderarts zich hier maar eens over moest buigen, misschien had de baby wel krampjes, en à propos, wist de vader van het kind eigenlijk al dat hij de vader van dit kind was? 'Nou, dat zat zo,' zei Pien. Omdat de vader van het kind haar zoon was, had ze hem kunnen dwingen om het kind aan te geven bij de burgerlijke stand. Het kind droeg ook zijn naam. En wat belangrijker was: dat kind was háár kleinkind. En o ja, de moeder ging akkoord, wist die moeder veel. Mooi. Bleef dus punt twee: naar de kinderarts. Ja, ja. Wie moest dat doen? Pien dus.

Pien had haar handen vol en Gem maakte van de gelegenheid gebruik om haar rossige haren te touperen, haar bontjasje aan te trekken, haar vuilniszak over de schouder te gooien, de portemonnee van Pien uit haar zak te ritsen en de benen te nemen. Een taxi had ze snel te pakken en om halftwaalf 's avonds stond ze op haar gejatte sneakers bij Zus op de deur van het belendende perceel te bonken. Pien kon morgen beter alleen met dat blèrende kind naar die dokter gaan, daar was zij niet bij nodig. Zij werd helemaal daaps van dat geblèr. De kleine Dicky was toen precies zesendertig uur oud.

Pien 'vrat dat kind nog es op,' zei ze. Het jochie was inmiddels zes maanden. Hij had de groenbruine ogen en het rossig blonde haar van zijn moeder. En haar krijsstem, niet te vergeten. Maar van haar tengere lijf was helemaal niets bij hem terug te vinden. Pien zei dat hij niet alleen die prikogen, maar ook de stevige botten van zijn vader had. Die vader had – zodra het bericht hem bereikte dat zijn zoon naar de kinderarts moest – ijlings het bed in zijn oude jongenskamer weer betrokken. En dat deed hij niet alleen, maar samen met zijn Surinaamse vriendin Reynalda. Nu had Reynalda weer een moeder, Chanel, aan wie ze onlosmakelijk verbonden zat. Chanel werkte te hooi en te gras in een nagelstudio en had al net zo'n aantrekkelijk achterwerk als haar dochter, die weer te hooi en te gras werkte in de Surinaamse supermarkt op de hoek. En ze kon heerlijk koken, die Chanel, maar dat deed ze het liefst bij Pien thuis, nu haar dochter daar toch ook zat. Want dan was ze niet zo alleen. In d'r eentje koken en in d'r eentje eten vond ze nog erger dan in d'r eentje slapen.

En zo viel alles heel mooi in elkaar. Gem zat liever bij Zus dan bij Pien. Bij Zus kwam allerhande gespuis waar dag en nacht gedonder mee was, reuring, reuring. Bij Pien kwam ze alleen nog maar om Dicky een paar keer omhoog te gooien en kielekielekiele te kirren met haar vingers in zijn nekje, en dan lachte hij heel hard om daarna nog harder te gaan blèren. En om links en rechts wat make-up bijeen te harken en in haar zak te laten glijden. En om eerlijk te zijn, ook voor Guus, die tot haar verbazing steeds meer op Dicky ging lijken. Als Reynalda er niet was, dan zeiden ze weleens wat tegen elkaar. Best wel aardige dingen. Dan zei zij bijvoorbeeld:

'Zegt Dicky al wat?' En dan zei Guus: 'Ja, pappa.' En zij: 'Zegt hij niet mamma?' En hij: 'Nee, niet tegen mij.' En daar konden ze dan samen heel hard om lachen. Maar als Reynalda er wel was en als zij dan expres naast Guus ging staan en met die rooie nagels over zijn rug ging zitten aaien, dan kon ze haar wel killen en dan ging ze gehaast weg met het excuus dat ze een afspraak had. En dan fleemde Reynalda met zo'n halfzachte blik en met d'r hand die al onder zijn broekriem zat: 'Da-hag, Gem. Fijne dag.'

De heer des huizes verwerkte zijn rouw nu definitief in het bed van een Schilderswijkse dame in de Gouverneurlaan. Er was dus ruimte genoeg in het vijfkamerportiekhuis van Pien, een nachie blijven slapen was dus no problem. Zolang daar maar lekker Surinaams eten tegenover stond. Pien vond het allemaal prima, want ze had een bloedhekel aan koken, zei ze. Lekker gebraden kippetje met roti en veel knoflook. 'Ja, lekker,' zei Pien, 'en let jij dan tegelijk even op dat jong, dan kan ik even een tukkie op m'n wipstoel doen, en doe verder maar waar je zin in hebt, hoor, Chanel, doe of je thuis bent, je gaat je gang maar.'

Aan dat laatste gaf Chanel een eigen betekenis. Ze viste een kippenpootje uit de hapjespan, masseerde het tot het wat kouder en nóg zachter werd, rolde het door de zoete ketjap en liet baby Dicky – die al een poosje zat te jengelen – aan het kippenpootje likken. De kleine vreetzak vond het heerlijk. Hij greep de kippenpoot met beide handjes vast en duwde hem driftig zo ver mogelijk zijn mond in. Half stikkend begon hij te krijsen, zó hard te krijsen en te stikken dat Pien uit haar stoel wipte en dat zelfs vader Guus en Reynalda hun bezigheden tussen de lakens onderbraken en hun nest uit sprongen. Of het nu kwam door die kippenpoot, niemand zal het weten, maar vanaf dat moment was in ieder geval bij Guus het vaderschap wakker geworden en besloot hij om met een wakend oog in de buurt van zijn kind te blijven.

De situatie was nu zo:

Punt 1: Er werd lekker gekookt door Chanel.

Punt 2: De kinderarts zei: 'Niks aan de hand, alleen, wat stinkt dat kind naar sigaretten en knoflook.'

Punt 3: Pien kreeg hulp van Reynalda bij de verzorging van Dicky. (Reynalda had een draagzak gekocht en showde Dicky op haar boezem in de Vaillantlaan. Commentaar: 'Hè jij een wippie gehad met een rooie Scheveninger?')

Punt 4: Als vader Guus thuiskwam van de garage waar hij werkte en hij vond zijn biertjes koud staan en hij zag dat Dicky hem ging herkennen – 'Zeg dan pap-p-pa... pap-p-pa... zeg dan... p-p-p-p... pap-pa... Jáá... Páp-pá!! – dan zou een vreemdeling die binnen kwam wandelen zeggen: 'Ja, wel een beetje een wonderlijk samengesteld gezinnetje, maar toch héél harmonieus allemaal.'

8

Er kwam dan geen vreemdeling binnenwandelen, maar wel Gem, die plotseling haar plek terugeiste. Aan de uitpuilende vuilniszak was te zien dat Zus voorlopig genoeg van haar had.

'Wat gebeurt,' verklaarde Gem verontwaardigd, en ze

kwam met een onsamenhangend verhaal over Pater Piet, de rechterhand van Zus, die een invalidenautootje had gekregen van de huisdokter van al die zwampen die bij Zus onderdak kregen, en dat wagentje was van een dooie patiënt van hem, en daar kon Pater Piet dan boodschappen mee doen zodat hij niet zo hoefde te sjouwen en nou had Gem dat wagentje mogen lenen en nou was het gestolen en nou kreeg zij, zoals gewoonlijk, van iedereen de schuld. Kon zij er wat aan doen...

'Ach mens, je staat gewoon te liegen, je hebt dat karretje natuurlijk verkocht,' riep Pien.

'Nee, helemaal niet, ik ben toch niet gek, ik mocht er altijd in rije, ga ik het toch niet voor een habbekrats verkopen, dat neukt toch niet!'

'En nog voor een habbekrats ook, hoor je dat!' riep Pien.

Gem liep woedend de babykamer in, die voorheen háár kamer was, en sloeg de deur dicht. Baby Dicky schrok wakker en zette een keel op.

'Jezus, wat kan dat kind schreeuwen, zeg, kan iemand dat kind niet weghalen hier?' De deur ging open en vader Guus liep naar het bedje, pakte Dicky op, drukte hem tegen zich aan en liep – het kind sussend – de kamer uit. Even later kwam hij weer terug om het babybedje van Gems kamer naar zijn kamer te verhuizen. En passant tikte hij op het achterwerk van Gem. 'Leuk jou weer eens te zien,' zei hij, 'mooi jongetje heb je gemaakt. Nog bedankt. Ik zal hem wel bij mij houden.'

Gem bekeek hem nog eens goed, lachte naar hem en dacht: eigenlijk best een leuke knul, die Guus.

9

'Wat gebeurt...'

Maar dan in werkelijkheid. Gem had vanaf de eerste dag het autootje van Pater Piet in gebruik genomen. Zonder toestemming te vragen natuurlijk. Het enige wat ze vroeg was: 'Kan ik daarin rijden zonder rijbewijs?' Pater Piet had zelf geen rijbewijs en reed er ook in, dus zei hij: 'Ja.'

'En kan ik dan de sleutel van je krijgen?'

'Ja,' zei Pater Piet, 'ik zal je de reservesleutel geven en voordoen hoe je hem op gang krijgt. Als je hem vrijdag maar laat staan, want dan ga ik ermee naar de markt.'

Gem reed eerst rondjes in de buurt. Liefst 's avonds en nog liever 's nachts in de tippelzone van de Waldorpstraat die net geopend was. Gewoon nieuwsgierigheid. Alleen maar kijken of het iets voor haar was. En toen zag ze Priscilla. 'Hé Priscilla, ken je me nog?' Ja verdomd, Priscilla zou haar níét kennen. Van Zetten, waar ze samen een drilregime hadden doorgemaakt. En ook een heleboel rottigheid hadden uitgehaald met de andere meiden. Alles onder leiding van Priscilla, die kleine, stevige kroeskrullenkop – die ze van haar Surinaamse vader had geërfd – en die een echte baas was, brutale blik in haar ogen en voor niemand bang. Ook vreselijk gelachen samen, omdat Priscilla iedereen na kon doen. Gezichten trekken, maar ook de stem, een specifieke stem van iemand, vooral van psychiater Finkensieper – die naam alleen was al lachen – hij was de geneesheer-directeur van de inrichting Lingewal in Zetten. Ze kon zijn gehijg ook zo goed nadoen, seksgehijg was dat, en dan bescheurden ze zich altijd op hun afdeling. Uiteindelijk had Priscil hem helemaal klem gezet, Gem was het lokaas geweest en Priscil had de politie erbij gehaald. Met haar vinger onder de neus van Finkensieper zei ze op haar specifieke toontje: 'Waarom kan je niet met je vingertje van mijn zuster afblijven? Ja? Vertel maar waar de politie bij staat. Vertel maar waar jij met je vingertje zo graag in zit.' Het heeft een poosje geduurd, maar het is een rechtszaak geworden. Spannende tijd was dat, ze werden nog in de krant genoemd! Met hun volle namen! De meiden van Zetten, Priscilla Vanilla en Gemmetje Victoria klagen psychiater Theo Finkensieper van Zetten aan voor seksueel misbruik. Ze werden door iedereen op hun schouders geslagen. 'Hé, goed zeg! Die Finkensieper gaat lekker de bak in met z'n pik.'

Maar dat laatste gebeurde pas veel later, Finkensieper bleef ontkennen, zijn zaak werd eindeloos opgerekt, want Finkensieper had belangrijke vriendjes die hem dekten.

Gem kende Priscilla ook van een paar nachtjes bij Zus, waar ze door de politie gebracht was omdat ze geen vergunning had voor de tippelzone. Ze sliepen bij Zus samen op een kamer. Nou ja, sliepen, ze zaten de hele nacht wiet te roken en dat wilde Zus niet.

'Waarom niet?' vroeg Priscilla. 'Wiet is toch ook geschapen door jouw God?' Priscilla ging door met roken en werd toen uiteindelijk door Zus de deur uit geschopt.

Zo mager als Gem was, zo massief was Priscilla, maar ze zag toch kans om zich naast Gem in het autootje te proppen en dat was vanaf het eerste moment lachen geblazen.

'Ach, mag ík rijden? Is het moeilijk?' Priscilla stapte al uit om van plaats te wisselen. Ze ging er meteen als een speer vandoor. ‘Ha, leuk zo’n ding! Ga met me mee, ik was net van plan om naar Truus te gaan. Zuster Truus Hofhuis van het Huiskamerprojekt daar verderop in de Waldorpstraat. Iedereen zegt gewoon Truus. Ze is ook van die Congregatie Zusters van Liefde, net als Zus, maar dan niet zo kattig.’

‘Kattig?’ vroeg Gem.

‘Nou ja, krengerig.’

‘En wat doe je in dat huiskamerprojekt?’

‘Krijg je koffie. En broodjes. En je kan lekker zitten in een lekkere stoel. Of met je reet op de gloeiende radiator van de centrale verwarming. Beetje uitrusten. En daar komen de andere meiden ook, tussen het tippelen door. Allemaal bekaf van die kerels en stervenskoud, want ze hebben zowat niks aan hun lijf om sexy te lijken. En je kan lekker douchen, je haar wassen en dan krijg je lekkere shampoo en een schone handdoek van Truus en schone kleren zijn er ook en er komt soms een dokter om je na te kijken, moet je je broek uitdoen, maak nie uit, zijn ze gewend, en er zijn spelletjes, Rummikub en zo en je kan er ook condooms kopen.’

‘Condooms? En als je geen geld hebt?’

‘Dan krijg je ze gratis uit de privévoorraad van Truus.’

‘Heeft die een privévoorraad dan?’

‘Zegt ze. Weet ik veel. Ik zet jou even af bij Truus, en dan zeg je maar dat je een vriendin van Priscilla bent, iedereen weet wie dat is, Priscilla, en dan leen ik even je auto, ik heb even een klusje tussendoor, duurt niet lang, halfuurtje of zo, en dan daarna kom ik naar je toe om míjn privévoorraad condooms aan te vullen, haha, Priscilla, zeg maar Priscilla.’

Niemand wist wie Priscilla was. Alleen Truus, die zei: ‘O,

díé, die jatkees kan beter wegblijven.'

En dat deed ze ook. Priscilla kwam niet meer terug. En het autootje ook niet.

En Pater Piet zei: 'Laat dat ding maar zitten, ik vond het toch maar een levensgevaarlijk kreng. Ik heb altijd gedacht: is-ie bedoeld voor invaliden, of is-ie bedoeld om invalide door te worden?'

Intussen was Gem – waarschijnlijk op aandringen van Zus – kind aan huis geworden in de huiskamer van Truus. Ze had op de bovenste etage een kabinetje gekregen, naast de slaapkamer van Truus. Er stond een bed met een hoofdkussen en een paar lakens en een deken, maar verder was er niets en gordijnen hingen er ook niet.

'Je gaat slapen als het donker is,' zei Truus, 'dus gordijnen heb je niet nodig en als je bij het grootvuil kijkt vind je nog weleens een tafeltje of een stoel.'

'Ja, maar tegen de tijd dat ik wakker ben, is al het grootvuil al weggerausd,' zei Gem.

In ieder geval had Gem een baantje in de huiskamer van Truus, en daar was ze trots op, want ze kreeg zelfs officieel minimumloon, 'ze was verantwoordelijk'. De koffie was gratis, maar ze was verantwoordelijk voor de verkoop van de gevulde koeken en de condooms. De een vroeg om een kop koffie zonder suiker en melk maar met een gevulde koek en de ander om een kop koffie met suiker en melk en een condoom. Best ingewikkeld nog, vond Gem, en ze krabde daarbij door haar verwarde haar zoals Einstein soms op foto's doet. Ja, vertelde ze, want de gevulde koek en het condoom zitten verpakt in hetzelfde papier, het overgebleven kerstpapier. Die Truus, dat was werkelijk zo'n gierige knijpkat, ze vond het zonde om dat papier weg te gooien. En dat had zelfs een keer bijna tot een ruzie geleid, omdat een boze griet met een klacht was binnengestoven. Toen ze op het moment suprême het feestelijk verpakte condoom wilde openen, zat er een gevulde koek in. Nou, dat werd haar niet in dank afgenomen door haar in seksueel opgewonden staat verkerende klant, die de koek uit haar handen griste, naar haar kop smeet en haar toeschreeuwde dat ze die zelf maar moest opvreten of in d'r reet moest stoppen. En zonder haar te betalen trapte hij haar zijn auto uit. Nou ja, dat was lachen natuurlijk.

Er werd veel gelachen, daar bij Truus. Behalve als er een meisje was afgetuigd. Truus haalde er altijd de politie bij en intussen mocht Gem het bloed afwassen van een oog of een neus en de EHBO-kist pakken waarin meestal iets zat wat Gem zelf wel kon gebruiken, een schaar bijvoorbeeld, en die gleed dan in haar zak. Soms kon Gem de hele tent behoorlijk aan het lachen maken als ze weer eens zo'n oog moest behandelen en dan keihard riep: 'Hoe om moet ik dat oog er weer in duwen, want wat is de bovenkant van dat oog?' Ja, brullen was dat.

Maar meestal ging het allemaal goed. De meiden waren tevreden en Truus was dat ook. Truus wilde zelfs die kleine Dicky weleens zien. Neem hem eens mee, zei ze, niet 's nachts natuurlijk, maar een keer overdag, na twee uur, als ik wakker ben. Tja, dat was het probleem. Hoe maakte ze Dicky van Pien los? Of van Reynalda? Dat kind zei zelfs mamma tegen beide nepmoeders. Guus was 'pappa', nou ja, dat was hij ook, maar het werd nu toch wel tijd dat Dicky háár mamma ging noemen.

Zoals wel vaker gebeurde wanneer ze klem kwam te zitten, werd mijn hulp ingeroepen. Al die maanden had ik van de zijlijn toegekeken. Ik stond klaar als het mis zou gaan. Ik wist dat het zinloos was om Gem voor te houden dat Dicky haar nauwelijks kende omdat ze geen tijd in hem stak en al helemaal geen moederliefde, simpelweg omdat ze die niet kende. Dicky was anderhalf jaar oud, hij had zich gehecht aan zijn verzorgers en gedroeg zich eenkennig tegen de rest van de wereld. Mijn intuïtie zei me dat ik Guus moest inschakelen. Hij zou begrijpen dat Gem haar kind een middagje zou willen meenemen om aan werkgever Truus te laten zien. En als ik zou zeggen dat ik als chaperonne daarbij aanwezig zou zijn... Guus reageerde zoals ik verwachtte. Hij toonde niet alleen begrip, maar zelfs een soort blijdschap die hij weer met een klap op Gems achterwerk tot uitdrukking bracht en die mij zelfs ontroerde. Hoe stond deze jongen tegenover Gem? Voelde hij toch iets van liefde voor haar? Of verantwoordelijkheid? Begreep hij dat ze was zoals ze was, na alles wat ze in haar leven had meegemaakt en vooral niet had gekregen?

'Goed, goed,' zei Guus, 'we doen het zo, ik ga normaliter woensdagmiddag met Dicky naar de speeltuin hier om de hoek, schommelen, vindt hij leuk, als jullie dan daar staan om drie uur, dan loop ik weg en dan halen jullie hem van de schommel af en dat doen we dan twee uur later weer, maar dan omgekeerd. Normaliter geeft dat geen problemen.'

Het was even nadenken, maar uiteindelijk simpel in de uitvoering. Om drie uur liep Gem met een zich los schoppend en volledig uit z'n dak gaand – want eenkennig – veel te zwaar kind in haar armen naast me. 'Wat een rotjong,' hijgde ze, 'ik kan hem niet houwe. Hij trapt me lens tegen m'n weke delen. Hé, zeg es mamma, kan die ook al niet. Mámma... mámma... We gaan eerst een karretje voor hem kopen, jij hebt toch wel geld bij je, hè, want dat kan in de Bijenkorf, dat is vlakbij, want zo gaat dat echt niet, hoor. Dat mormel is veel te zwaar.'

Ik wilde het mormel van haar overnemen en waarachtig, hij stak zijn armpjes naar me uit, lachte lief tegen me en kalmeerde. Gem zag dat en het moet haar getroffen hebben, ze draaide zich bruusk van ons af en ging een eindje verder voor een winkelruit staan om zichzelf te bekijken. 'Ik zie er niet uit,' zei ze. Ze propte haar losgeraakte blouse in haar broek, trok haar jasje recht en ragde door haar haren. Zo, nou kon het wel weer. Op naar de Bijenkorf. Ze dartelde voor me uit.

Gem had gelijk, het jochie was behoorlijk zwaar en werd steeds zwaarder en toen hij door de wiegende beweging ook nog in slaap viel, werd hij nóg zwaarder. Zelf had ik met mijn dochters – drie in vier jaar – nooit zo hoeven sjouwen, ik vervoerde ze op mijn fiets, één voorop aan het stuur, twee in een tweelingzitje achterop, levensgevaarlijk natuurlijk, maar dít jong...

We waren zo'n honderd meter van de Bijenkorf verwijderd toen ik het opgaf. Ik ging zitten op een vensterbank en gebaarde naar Gem dat ze Dicky van me moest overnemen. Ze deed eerst of ze me niet hoorde, maar toen ik bleef zitten, keerde ze bokkig terug. Ja, nou, dat kind was veel te zwaar voor haar, prut, prut, ze ging door haar hoeven, prut, prut, het was niet voor niks dat ze zei dat we een karretje moesten kopen, prut, prut, prut.

'Nou, geef dan maar,' zei ze. Ze hees Dicky op haar heup en ging recht op haar doel af, de baby- en kinderafdeling van de Bijenkorf.

10

Toen ik uit de lift stapte, zag ik dat Gem Dicky al in een buggy had geperst. 'Ja, dit moet ik hebben,' schreeuwde ze me toe. 'Loopt iedereen mee, lekker handig. Klap 'm zo in en uit en dat jong kan je vastmaken met zo'n tuigje. Kan die niet weglopen. Ja, díe wil ik.' Enthousiast begon ze met Dicky rondjes te rijden. Als ze een mand passeerde met knuffels trok ze er domweg een uit en stopte hem in Dicky's handen. Dicky smeet de knuffel vervolgens weg, gillend van plezier, want wat een leuk spelletje was dat. Die moeder van hem was toch wel erg leuk.

De grond was al spoedig bezaaid met knuffels. Er kwamen twee verkoopsters kijken, zonder in te grijpen.

'U mag hier niet roken,' zei er een.

'O nee?' zei Gem, 'dat wist ik niet.' En ze karde gewoon door met haar sigaret.

Dit hadden de dames kennelijk niet eerder meegemaakt. 'Nou ja...' zei de eerste verkoopster, 'ga jij de chef even halen.'

Maar ze bleven allebei staan.

Ik lachte een beetje gegeneerd naar ze en liep naar de kassa om te betalen, dat leek mij de beste manier om een eind te maken aan de vertoning. Ineens botste Gem met de buggy tegen een kist met houten speelgoed op wielen. De kist viel om en de hele inhoud rolde alle kanten uit onder gejoel van Gem en Dicky.

Gem maakte zich uit de voeten, een janboel van rollend speelgoed achter zich latend.

Ik was de wanhoop nabij. 'Dames, kan ik alstublieft afrekenen?' riep ik, maar ze kwamen niet in beweging. Plotseling kwam er een man tevoorschijn – misschien stapte hij gewoon uit een pashokje – maar mij leek het alsof hij uit de coulissen op het toneel werd geduwd. Hij zei geen woord, maar liep rustig naar de rij buggy's, trok van de voorste buggy het prijskaartje af, liep naar de kassa, verrichtte daar nog steeds zonder één woord te zeggen enige magische handelingen en gebaarde daarna dat ik kon betalen.

Gem stond me buiten rustig rokend op te wachten. Het was te laat om naar Truus te gaan. En trouwens, met al die knuffels die ze bij zich had, daar kwamen alleen maar vragen van, ze ging volgende week wel. Vrolijk zingend duwde ze de buggy voort, als een oermoeder die nooit anders gedaan had. Dicky ging gewoon door met zijn spelletje knuffels gooien. Hij wees naar mij, ik moest ze oprapen, en toen ik daar geen zin in had, zette hij meteen een keel op.

'Raap ze dan op,' riep Gem en ze wees om zich heen.

'Ben je helemaal gek, jij hebt ze gejat, niet ik.' Bij Gem moest je gewoon met de keiharde waarheid komen.

O ja, dat was zo. Gem plukte de knuffels van de straat en zong weer vrolijk door en zo belandden wij bij de speeltuin, een lief moedertje en een lachend kindje, verdiept in het knuffelgooispel met z'n moeder. En ik daarachter met een hoofd dat optelde hoeveel knuffels er gestolen waren en bedacht hoe ik dat het beste kon oplossen. Moest ik maar gewoon niks zeggen? Of moest ik juist – passend bij mijn opvoeding – zo snel mogelijk teruggaan naar de Bijenkorf en aan die toneelspeler, die daar vast nog tussen de coulissen stond, eerlijk uitleggen hoe de zaken ervoor stonden en mijn goeie wil en portemonnee tonen? Zou hij weer woordeloos in zijn rol blijven en naar de kassa gebaren? Of zou hij op een alarmknop drukken en zouden er dan van alle kanten breedgeschouderde bewakingsmannen op mij afstormen die me in de boeien sloegen en vervolgens in het cachot gooiden? Einde derde bedrijf.

Het was de jonge vader Guus die me uit mijn fantasieën haalde. Hij sprong plotseling op van een bank, als de zwarte prins uit het ballet *Het Zwanenmeer*, en holde naar zijn zoontje, dat hem direct in de gaten had en zijn armpjes naar hem uitstak. 'Pappa! Pappa!' Guus maakte hem los uit zijn buggy, zoende zijn hele gezichtje, tilde het schaterende kind hoog in de lucht en zette het daarna op zijn schouders. Zo galoppeerde hij als een paard in steeds kleiner wordende cirkels om Gem heen, die in het midden met hen meedraaide en meespeelde, lachend, in haar handen klappend en trappelend met paardenvoetjes. 'Pappa, Pappa!' riep het kind weer en dat stimuleerde Guus om afwisselend 'mamma, mamma' roepend en hinnikend als een echt paard op Gem af te stuiven. Hij sloeg spontaan zijn arm om haar schouders heen, drukte even zijn hoofd in haar hals en voerde haar, nog steeds galopperend, mee naar de schommels.

11

Reynalda begon kapsones te krijgen, vertelde Pien me op een dag. Ze had het in d'r hoofd gezet dat ze wilde trouwen. Met Guus uiteraard. Dat had hij haar beloofd toen ze bij Pien gingen wonen en ze voor zijn kind ging zorgen. Ach, die jongen is veel te zacht. Hij is mijn zoon, maar hij is een doetje. Zij zegt beloofd, maar ze heeft natuurlijk net zo lang aan zijn kop gezanikt tot hij ja zei en dat noemt zij dan beloofd. En wat je belooft dat moet je doen, zegt ze. En ze had het ook al gezegd tegen al haar vrienden en ook de familie vroeg haar steeds wanneer komt het er nu van en hij verdient toch genoeg, hij heeft toch een goeie baan in die garage, hij kan toch wel een feest betalen. En ze had alles al met Chanel geregeld. Ze konden in de flat van Chanel gaan wonen, want die stond daar toch maar leeg te zijn. En Dicky kon in de flat een eigen kamer krijgen, hij kon toch ook niet eeuwig in dat bedje in hun kamer blijven slapen. En die kamer van Dicky was groot genoeg voor als ze zelf kinderen zouden krijgen. Die konden daar makkelijk bij. En Chanel verhuisde dan met hunnie mee en die kon dan koken en ook op Dicky en de andere kindjes passen als dat nodig was.

'Wat denkt ze wel, die griet,' zei Pien, die aanvoelde dat de belangrijkste taak in het leven haar ontnomen zou worden. 'Wat denkt ze wel, dat zij de boel kan beslissen, ze komt hier gewoon naar binnen zeilen met Guus en dan denkt ze dat zíj de koningin is en dat zíj mag zeggen wat er gaat gebeuren. Trouwens, Guus had al lang genoeg van haar. Die smeert 'm als het maar enigszins kan met Dicky. Neehee, die Reynalda vliegt er hier gewoon uit.' En die Chanel kon ze ook meenemen, want dat vette eten, dat kwam zo langzamerhand haar neus uit, het hele huis stonk ernaar en ze was er zeker tien kilo van aangekomen, ze kon geen broek meer aan en bij Zeeman hadden ze zelfs haar maat niet meer.

'Heb ik toch gezegd, dat ze praatjes zou krijgen,' zei Gem. 'Ze is gewoon hartstikke jaloers omdat Dicky nou ook mamma zegt tegen mij. Nou wil ze ineens trouwen. Ik zie haar al voor me in d'r wolken tule en satijn met d'r dikke lijf. Geen gezicht. Die Surinaamse vrouwen willen altijd trouwen met een heel groot duur feest voor de hele familie en een heleboel kinderen krijgen, zit Guus dan straks mee opgescheept, met die halfbloedjes, kan die ook niet meer naar Dicky omkijken, ja hallo, schop haar maar de deur uit met d'r praatjes, en die Chanel ook met d'r bilpartij en d'r vette kippenpoten en d'r knoflooklucht.'

12

Chanel liet zich door zo'n stoephoer niet afrekenen op haar vette kippenpoten, haar knoflooklucht en dan ook nog haar bilpartij, het schoonste sierstuk dat ze in huis had. Ze pakte meteen al haar pannen en specerijenpotjes en wat al dies meer zij in dozen, en wat er niet bij kon smeet ze door de keuken en daarna stampte ze haar kleding, schoenen, sjaals, petten, kettingen, geurtjes en linten in tassen en zakken van de Lidl, Dirk, Aldi, Jumbo en de Hema. Met armen vol inboedel liep ze een paar keer de trap af terwijl ze haar dochter toeschreeuwde dat ze zich niet verder als dienstmeid moest laten gebruiken en dat ze buiten in haar auto op haar wachtte. Die Guus, die hoefde ze nooit meer te zien, en Reynalda ook niet, als ze niet allaminuut naar beneden kwam. Reynalda pikte de grootste koffer die ze in huis kon vinden – een erfenis van de heer des huizes, zijn kleren zaten er nog in en die kiepte ze van het balkon naar beneden. Zo, dat was geregeld, daar konden mooi haar spulletjes in. Nog even lekker om zich heen schoppen... Guus zou gek opkijken als hij thuiskwam en die troep in hun kamer zag. Had hij maar niet moeten vozen met die meid die nou ineens mamma heet, een beetje gezinnetje spelen met z'n hand op d'r bil, ja, ze had het wel gezien, ze had het wel door, maar ze was niet gek. Ze sloeg de deur zo hard achter zich dicht dat alle ramen trilden en strompelde met haar hele handel naar de auto van Chanel, waarvan de achterbak nog openstond.

'Het kan er bijna niet in,' schreeuwde Reynalda.

Chanel kwam even helpen schoppen en duwen, knalde daarna de achterklep dicht en duwde haar dochter voor zich uit de auto in. 'Zitten. Maar goed dat ik de flat heb aangehouden. En denk erom, je gaat níét naar hem terug.' Ze gaf vol gas en scheurde de straat uit.

Voor Gem veranderde er weinig. Ze bleef 'werken' in de huiskamer van Truus en slapen in het kabinet naast Truus. En omdat de wekker van Truus pas om twee uur 's middags afliep, werd Gem ook pas om twee uur 's middags wakker. Op woensdag had ze een vrije dag en dat kwam mooi uit, want dan kon ze Guus ontmoeten in de speeltuin. Als ze tenminste wist dat het die dag woensdag was. Het kwam vaak voor dat Truus al de deur uit was vóór de wekker afliep. Dan ging ze boodschappen doen voor de meiden voor 's avonds en, ja, dan sukkelde Gem gewoon weer in slaap. Dan werd het drie uur, soms halfvier en moest Truus haar het bed uit jagen. Zonder ontbijt en zonder zich te wassen schoot ze – haar slaap-T-shirt nog aan – in haar broek en jackje. Aan d'r haren hoefde ze gelukkig nooit iets te doen. Een beetje touperen terwijl ze naar de speeltuin rende, beetje mascara en dan hoopte ze maar dat Guus daar nog was, want ze vond het altijd leuk om Dicky 'mamma' te horen zeggen. Hij wees daarbij naar haar. Dát was zijn mamma. En in één beweging ging zijn vingertje door naar Guus. 'Pappa.' Dat was mamma en dat was pappa, het plaatje was compleet.

13

Truus vroeg aan Gem welke artikelen aan de meisjes cadeau werden gedaan. Of dat alleen de condooms waren, of misschien ook andere zaken, zoals shampoo, handcrème, broodjes en maandverband? Truus wilde de overgebleven voorraad weleens zien. Gem graaide in dozen, keerde laden om en stalde uit wat er nog in huis was, intussen smoezen bedenkend die duidelijk maakten waar dat geld dan gebleven was als zij inderdaad alles verkocht had, zoals ze volhield. In een doos onder haar bed bewaarde ze spul voor zichzelf. Vooral shampoo, hoewel ze haar haren nooit waste. Ze vond de flessen mooi, mooie gouden kleuren en lekker om vast te pakken en te schudden, gewoon fijn om te hebben.

Truus kon dat niet geweten hebben, maar toch lag ze ineens op haar knieën en graaide ze de doos onder het bed vandaan. 'Waarom jat je dat nou? Je krijgt toch betaald voor je werk? Ik wil je vertrouwen. En wat is dat, condooms? Zoveel? Ik dacht dat je die verkocht had, heb je ze verdorie zelf ingepikt.' Truus vloekte nooit, want dat vond God niet goed, dus als ze verdorie zei, was ze echt boos. Ze begon de condooms te tellen. 'Tien, twintig, veertig... Ben je nou gek geworden. Zestig... zeventig... wat moet je met zeventig condooms?'

Gem stond een beetje suffig voor zich uit te kijken en ineens zei ze: 'Ik wilde ze aan Guus geven. Eerst omdat ik bang was dat hij met Reynalda een kind zou maken en de laatste tijd voor ons, dacht ik. Voor hem en mij. Dan pakte ik er twee voor hem en mij. Maar ik gaf ze maar niet. Ik vond dat ik ze niet zomaar kon geven. Dat kon toch niet, zomaar geven? Daarom liggen er zoveel onder mijn bed, omdat ik er steeds twee pakte die ik niet kon geven.'

Er trok een lachje over het gezicht van Truus. Ze schudde even haar hoofd, liep naar een la, haalde er twee plastic tassen uit en gaf die aan Gem. 'Hierzo, stop de helft hier maar in, is makkelijker geven, en die andere helft, bewaar die maar onder je bed voor jezelf, je weet maar nooit.'

14

En al weer sloeg Zus eigenhandig de muren van 'het belendende perceel' door en deze keer kreeg ze wél heibel met de gemeente Den Haag. Mevrouw Zus moest zich melden op het stadhuis, maar daar had ze maling aan. De secretaresse van de burgemeester belde haar, maar voordat deze mevrouw haar duidelijk kon maken wat de reden van dit gesprek was, had mevrouw Zus het woord al genomen. Ze zei dat ze al honderd keer had gezegd dat ze geen subsidie kreeg van de gemeente, maar dat in de nachtelijke uurtjes de politie wel bij haar aanklopte om mensen in nood bij haar af te leveren. En dat alle officiële instanties die geen oplossing voor deze mensen hadden, maar wél subsidie van de gemeente opstreken, deze mensen doorverwezen naar de volgende officiële instanties, die er ook geen oplossing voor hadden en uiteraard wel subsidie kregen van de gemeente, zodat genoemde mensen in nood uiteindelijk afgeleverd moesten worden bij mevrouw Zus van de Congregatie van de Zusters van Liefde, die geen subsidie kreeg van de gemeente omdat het geen officiële instantie was. En omdat het de secretaresse van de burgemeester begon te duizelen, vroeg ze of mevrouw Zus die laatste zin misschien zou willen herhalen, maar mevrouw Zus wist bij God niet meer wat ze gezegd had en omdat God voor haar heilig was, maakte ze een einde aan het gesprek met: 'Doet u maar de groeten aan de burgemeester en zeg hem dat ik geen tijd heb om zinnen te herhalen.'

Er volgde een tweede gesprek met de secretaresse. De burgemeester zou het bijzonder op prijs stellen wanneer mevrouw Zus van de Congregatie van de Zusters van Liefde – voor wie hij bijzonder veel respect had – toch bereid zou zijn om op zijn uitnodiging in te gaan aangezien de burgemeester mevrouw Zus een interessant voorstel kon doen dat zij op z'n minst zou kunnen overwegen. En wat was dat dan voor interessant voorstel, wilde Zus weten. Ja, dat kon alleen geopenbaard worden op het stadhuis, in aanwezigheid van enige functionarissen, het was namelijk een officiële aangelegenheid, de burgemeester deed natuurlijk niet aan koffieprietpraat, theegeleuter en borrelgebeuzel. Als Zus dat wilde kon zij door de dienstauto worden opgehaald.

'De dienstauto? Wat is dat voor ding? Wat een nonsens. Ik zet gewoon mijn helm op mijn hoofd en ik pak mijn bromfiets. Zeg maar aan de burgemeester – voor wie ik bijzonder veel respect heb – dat ik morgen kom, omdat ik gewoon gezond barst van nieuwsgierigheid. Morgen. Hij mag kiezen. Koffietijd. Of theetijd. Of borreltijd. Want ik kom uit Brabant en ik ben uiteraard gek op prietpraat, geleuter en gebeuzel. En ik kom natuurlijk niet alleen. Omdat het hier een officiële aangelegenheid betreft neem ik twee functionarissen mee. Niet alleen de burgemeester heeft zijn functionarissen, u begrijpt, ík heb ze ook.'

15

Nadat de secretaresse een uur later had opgebeld om door te geven dat de burgemeester zeer verblijd was met haar komst en voor de theetijd had gekozen, kwam Zus ogenblikkelijk in actie. Ze moest haar functionarissen ronselen. Zus belde mij op – ze had geluk, ik zat achter mijn computer – en vertelde mij zonder omhaal dat ik haar functionaris was en dat ik de volgende dag om halfvier in de hal van het stadhuis moest staan. Ik zou daar wel te horen krijgen wat er ging gebeuren.

Het bleek dat ze Gem via Truus had kunnen bereiken en dat ook Gem bereid was de rol van functionaris te bekleden, ook al wist ze helemaal niet wat dat was.

'O, en wat doet zo'n schlemiel?' vroeg ze, toen we met z'n drieën in de hal van het stadhuis stonden.

'Jij moet vooral niks doen, alleen maar knikken de hele tijd en beamen dat je uit ervaring weet hoe het is om op straat gezet te worden en dat je dan nergens naartoe kan behalve naar mij. Jij bent dus mijn ervaringsdeskundige.'

Gem barstte in lachen uit. 'Nou weer ervaringsdeskundige? Zo hé, wat is dat?'

'Dat je weet wat het betekent als je op straat gezet wordt en alleen nog maar bij mij terechtkan.'

'Maar jij zet mij toch ook op straat?' riep Gem net iets te hard.

'Ja, vind je 't gek als je de hele nacht zit te blowen met die Priscilla, zodat niemand gaat slapen en iedereen mee gaat blowen,' riep Zus nog een toontje harder terug, waardoor mensen bij ons stil bleven staan. 'En schei uit met dat kammen van je haar, je lijkt wel een orang-oetan.'

En toen stond daar, zomaar uit het niets, mevrouw de secretaresse voor onze neus, die natuurlijk van een afstand al het gekibbel gehoord moet hebben, maar die beroepshalve haar glimlach in stand had gehouden.

'Dag dames,' zei ze vrolijk, 'ik herken u. We gaan met de lift naar de derde etage, de burgemeester verwacht u.'

De burgemeester kwam met gespreide armen op Zus af, hij leek waarachtig op een zeeman die na een reis van anderhalf jaar zijn verloofde in zijn armen wilde nemen. Zus deinsde al achteruit, maar hij sloeg alleen amicaal zijn arm om haar heen en voerde haar mee door een lange gang. Gem en ik volgden met de secretaresse. We kwamen in een kamer met een grote, ronde tafel waarop de thee met een schaal koekjes al op ons stond te wachten.

'En wat gebeurt...' zou Gem later aan Pien en Guus vertellen, 'er komen twee mannen binnen zonder iets te zeggen, die krijgen een naam en die gaan net als wij zitten met een koppie thee en een ingepakt koekje zodat we het eerste halfuur bezig zijn dat plastic eraf te kraken en dan begint de burgemeester ineens zijn blijde boodschap kwijt te raken. We weten niet wat we horen. Als Zus bereid is om haar laatste ingepikte perceel vrijwillig terug te geven, dan krijgt ze daarvoor in de plaats een rijtje kleine tweekamerbenedenhuisjes in de Frans Halsstraat ter hoogte van de remise, want de woningen daarboven, dat zijn dubbele bovenhuizen, en daar zitten grote Turkse gezinnen in met vijf of zes kinderen die als aardappelen die uit een zak gestort worden de hele dag over de grond rollen en er nog bij schreeuwen ook, een pokkenherrie dus, en daarom wil daar beneden niemand wonen. En Zus, lekker bijdehand, die vroeg meteen: maar als ik die huisjes krijg, dan hoef ik toch mijn perceel niet uit, want dat zit lekker vast aan mijn andere percelen. Maar dan krijgt ze uitgelegd dat waar zij nu zit een saneringswijk wordt en dat het nu alleen nog gaat om haar laatste ingepikte perceel dat platgegooid gaat worden, anders kunnen ze daar niet bouwen, maar dat ze volgend jaar ook haar andere percelen moet inleveren vanwege de sanering. "Maar geen denken aan," zei Zus, "ik zit goed waar ik zit en ik luister alleen naar God, dus jullie kunnen inpakken." Maar dan krijgen we nog een koppie thee met zo'n kraakkoekie en dan gaan die twee mannen zich er ook mee bemoeien, en Zus al die tijd nee schudden met die stijve kop van d'r en inenen zegt ze: "Nou goed, ik ruil m'n laatste perceel in tegen die kleine woninkjes in de Frans Halsstraat, maar verder ga ik niet, want mijn handen zijn nog rood van het hakken. En verder stel ik als eis dat Yvonne een interview met mij in de *Haagsche Courant* publiceert waarin ik uiteenzet hoe jullie mij voor je karretje spannen voor het oplossen van al jullie akkevietjes en mij nog steeds geen subsidie geven terwijl ík het werk sta te doen." Nou, en toen stond ze op en ging ze weg als Madame de Pompadour en wij liepen gewoon achter haar aan met ons blik op oneindig en ik heb niet één keer hoeven te knikken en daar kwam ik toch voor...'

16

Gem stond voor mijn deur met opgewonden rode wangen, de onafscheidelijke sigaret in een mondhoek en een bos witte rozen in haar handen. Gejat natuurlijk, dacht ik meteen. En daar kreeg ik spijt van.

'Voor jou, voor dat mooie interview dat je met Zus hebt gehouden,' zei ze, 'ik heb je tekst van Zus al mogen lezen. Ik sta er ook in! Ze vond mij het voorbeeld van iemand met een verpeste jeugd waar je veel mee kan bereiken als je er maar liefde en vertrouwen in steekt! Mooi gezegd van Zus! Ik sta in de krant, en niet omdat ik gejat heb!'

Oei, ik werd meteen afgestraft voor mijn gedachten.

Ze drukte me de bloemen in handen, stak meteen een volgende sigaret op met de sigaret die net nog aan haar lippen plakte, om daarna enthousiast door te gaan: 'Hé, ik moet je wat vertellen.'

'Ik weet het al,' zei ik, 'van Zus gehoord.'

'Die klept ook alles rond,' zei ze. 'Je raadt het nooit! Wat gebeurt...' En toen begon ze met háár versie van het verhaal, die haar waarschijnlijk die rode wangen had bezorgd.

'Wat gebeurt... Ik krijg een huis dat ik mag kiezen, met een tuin, het is van de gemeente en het wordt helemaal voor mij met geld van de Congregatie opgeknapt zoals ík het wil. En ik krijg ook een eigen kantoor met een bureau en ik word de baas hier van de straat, een manager van Zus word ik, maar Zus gaat zich niet met mij bemoeien, ik ga alles zelf bedenken en regelen. Zo hé, daar kijk je van op, hè? Gemmetje, de kleine kannibaal, de baas van de straat!'

De versie van Zus was wel een beetje anders, daarin wemelde het van de twijfels.

'Ik denk erover om Gem een van die huisjes in de Frans Halsstraat aan te bieden,' had Zus me verteld, 'dan kan ze eens proberen of ze alleen kan wonen en bovendien zou ze contact kunnen houden met de mensen die ik in de andere huisjes plaats. Ja, ik weet niet of ze het aankan. Wat denk jij ervan?'

'Proberen of ze alleen kan wonen.' Zus sloeg de spijker op de kop. Gem was doodsbang om alleen in een ruimte te zijn. Haar leven lang had ze óf een eigen kamer gekregen in een pleeggezin, waar ze 's nachts door de mannelijke familieleden bezocht kon worden, óf op kamers of zalen met anderen geslapen, met ook de kans dat er iemand bij haar kroop om aan haar te frunniken. Als ze ooit alleen de nacht had doorgebracht, dan was het voor straf. Ze had zich misdragen – wat niet waar hoefde te zijn – en ze werd bij haar wilde haren gegrepen en in een hok, een kast, of een andere donkere ruimte opgesloten. Daar moest ze dan eerst maar eens 'een uurtje kalmeren'. Soms vergaten ze haar en werd het uurtje een hele dag, kreeg ze geen eten en drinken, ook al schreeuwde ze de boel bij elkaar. Dat schreeuwen werd vaak een reden om haar verblijf te verlengen. Soms kwam de nacht erbij en viel ze op de grond voor de deur in slaap, zonder beschermende deken over haar heen en zuigend op haar duim, zelfs toen ze een puber was.

In het jaar dat ik haar begeleidde in ons opvanghuis, kreeg ze een eigen kamertje. Er sloop 's nachts altijd een jochie van nauwelijks dertien jaar bij haar naar binnen. Haar buurman. Hij legde zijn matras en dekbed naast haar bed op de grond, voor hem de enige manier om zonder angst te slapen. Als Gem hem ontdekte, dan sleurde ze hem met matras en al naar de gang en smeet ze hem de trap af. 'Pokkenjong,' riep ze hem na. En toch was zij de enige die zijn angst voor de nacht begreep en daarom rende ze weer achter hem aan en nam ze het huilende jong in haar armen. Ik heb ze vaak zo samen onderaan de trap ontdekt, zij hem wiegend en zachtjes in zijn oor fluisterend: 'Pokkenjong, lelijk, lekker pokkenjong.' Toen ze zich bij mij beklaagde dat hij altijd op de grond bij haar sliep, zei ik: 'Doe je deur dan op slot.'

Haar verontwaardiging was groot. 'O ja? En wie kijkt er dán naar hem om?'

Alleen slapen had ze geassocieerd met straf, en het zou moeilijk voor haar worden om die twee zaken van elkaar los te koppelen, daar zou een leger psychiaters zich met vreugde op kunnen storten.

17

Gem kon dus een huisje krijgen. Het beste was het huisje op de hoek, tegenover de remise, dacht Zus. Dat kon niet meteen, want de huisjes die nu leegstonden waren verwaarloosd en de gemeente wilde ze laten opknappen. Nieuwe douche, nieuw open keukentje, de schimmel op de muren zou worden aangepakt, blokverwarming en ook een schutting om het achtertuintje. 'Renoveren noemen ze dat. Ze bedoelen natuurlijk gewoon likje hier, likje daar, een beetje oplappen,' zei Gem. 'Het zou me niks verwonderen als ze daar een flinke bak subsidie voor in de wacht slepen, die ze voor iets anders gaan gebruiken.' Zus was blij met die huisjes, want bij haar, in haar 'percelen', was het inmiddels overvol geworden. Bijna iedere avond werd er wel een nieuwe dakloze – een nieuw probleemgeval – bij haar afgeleverd. Niet iedereen was zo slim om afdekzeilen van scootmobielen af te trekken en zich daar in te rollen voor de nacht, en onder de bruggen waren de beste plaatsen al vroeg in de avond vergeven. Bovendien ging er bijna nooit iemand uit zichzelf bij Zus weg. Ja, of hij moest zich zo onaangepast gedragen dat 'eruit gooien' de enige oplossing was. Gelukkig had Zus altijd nog Gem achter de hand, haar 'functionaris', haar ervaringsdeskundige, die er zelfs nóg een titel bij had gekregen: haar informateur, door Gem 'informeur' genoemd, en dat hield in dat ze die mensen in die huisjes voor Zus in de smiezen moest gaan houden. En dat zou haar goed afgaan, want ze werd geaccepteerd door wat ze zelf in haar leventje had meegemaakt. Ze moest aan Zus doorvertellen wat ze allemaal uitspookten. Of ze de kattenbak niet in de wc kieperden bijvoorbeeld, waardoor die verstopte en de stront de gang in liep, of dat ze zogenaamd gingen barbecueën in de tuin, wat eigenlijk een uit de hand gelopen fikkie was, waar ze dan omheen gingen zitten blowen. Eigenlijk moest ze zich gedragen als dat handhavingsteam dat de gemeente in de Schilderswijk liet rondlopen, vertelde Gem. Die liepen wel altijd met z'n tweeën, zodat ze elkaar ook nog in de gaten konden houden. Ze kletsten wat af samen en intussen waren ze niet te beroerd om te kijken of de vuilniszakken niet te vroeg buiten gezet werden, want daar krijg je ratten van, of dat de etensresten niet zo uit de pan van tweehoog naar beneden werden gekieperd omdat van de islam geen eten in de prullenbak mocht verdwijnen. Daar krijg je ook ratten van. Of ze geen wietplantage waren begonnen in de achtertuin en of er op het balkon niet misschien een geit werd gehouden die ongelooflijk ging stinken en die voor het Suikerfeest halal geslacht moest worden. Al die functies bij elkaar, te beginnen bij de functionaris, zouden in één woord samengevat kunnen worden: manager. Zus zou van Gem haar persoonlijke 'manager' maken. Want Zus vertrouwde haar, nou ja, die ene keer met Priscilla dat ze de hele nacht samen hadden zitten blowen, ja, toen was het uit de hand gelopen. Maar zand erover. En verder, als ze jatte en Zus riep haar op het matje, dan zei ze altijd eerlijk dat ze het gedaan had en dat ze er spijt van had. Maar teruggeven, dat kon ze nooit, want ze wist niet eens meer wat ze gepikt had, of ze had het al verkocht. En bij Truus deed ze het ook heel goed, had Truus gezegd. Nou ja, ze had daar ook weleens iets gejat, maar dat deed iedereen. Ook zand erover. Truus wist zelfs dat de zoon van een bevriende diplomaat, de persoonlijke vriend van koningin Beatrix, de juwelen van zijn moeder had ingeruild voor een handje jointjes en Priscilla wist te vertellen dat prins Claus z'n loonzakje met z'n hele maandsalaris op de secretaire van z'n vrouw had gedeponeerd omdat hij moest pissen en dat toen hij uitgepist was, het loonzakje gesnaaid was, maar dat was lulkoek, had Gem geschreeuwd. En nu had Gem gedacht dat ze inderdaad het beste dat benedenhuisje op de hoek kon nemen, want misschien zou ze daar wel een kantoor van kunnen maken. Dan konden de bewoners van die andere huisjes bij haar binnen komen lopen, ja, de hele buurt mocht bij haar binnenlopen, dat leek Zus ook een goed plan. Een kantoor met voor het raam van de voordeur zo'n karton dat je kon omdraaien. Een karton aan een touwtje. Op de ene kant stond GESLOTEN en op de andere kant GEOPEND, want Gem had natuurlijk geen zin om de hele dag in haar kantoor dat geleuter van al die mensen aan te horen. Dat kantoor was dan in de ene kamer en in de andere kamer kon dan haar bed staan. En in dat kantoor kon ze dan ook nog iemand laten slapen, zodat ze daar niet alleen in huis was. Want dan was ze bang, dat wist Zus toch?

En dat was veiliger ook, want er liepen daar 's avonds ongure types rond, en bovendien, als ze een drukke nacht had gehad – want ze was natuurlijk niet van plan om haar business bij Truus op te doeken – dan kon ze ook zo nu en dan lekker in haar eigen bed naast het kantoor slapen, had ze dus toch een buitenhuis waar ze lekker in kon relaxen, hahaha. (Ze begon al sluipwegen te bewandelen om vooral niet haar beschermde plekje in het kabinet naast moeder Truus in te ruilen voor een bed in een onveilig huis. Ik zag al aankomen dat ze in staat was om Priscilla – met wie ze zo nu en dan toch weer contact had – een kantoorbed aan te bieden.) En als ze dan toch een kantoor had, dan kon ze maar beter van die pakjes laten maken, drie mantelpakjes bijvoorbeeld, bij de Turk in de Vaillantlaan kon dat, donkerblauw met over de armen gele gevaarstrepen erop en bijbehorende petten, ook met gevaarstreep. Dan was ze tenminste herkenbaar, dan wisten de mensen in de huisjes en in de buurt: o, dat is Gem, dat is de Persoonlijke Manager van Zus, die weet alles, dat is er een van ons, daar kan je alles aan vragen. Zus zei dat ze wel iemand kende die die pakjes zou willen betalen en anders zou de Congregatie dat wel willen doen.

Ja, Zus had een heleboel plannen en die stonden allemaal in dat interview dat nu zaterdag in de *Haagsche Courant* zou worden geplaatst. En daar komt ook een grote foto van Zus bij, zei Gem. Zus die op een brommer met een rotgang over de Hoefkade scheurt. Met d'r helm op die over haar ogen zakt en met zo'n motorbril van de Hells Angels en een rugzak op d'r rug waar van alles uit puilt, zoals zakken sinaasappels voor verslaafden met gebrek aan vitamine C.

Die weinig flatterende foto had ik al gezien. Het was me niet gelukt de redactie over te halen om een andere foto te laten maken.

Maar Gem vond hem prachtig. 'Helemaal te gek, ik laat er een poster van maken voor in mijn kantoor. Om je rot te lachen, vanaf zaterdag heeft iedereen het alleen nog over "de vliegende non van de Schilderswijk". Omroep MAX biedt haar op primetime een baan aan. Dat wordt de start van haar carrière als komiek! En wedden dat ik daar ook nog een graantje van meepik!'

18

Gem mocht kiezen. De huisjes waren klaar en iedereen wist dat ze waren toegewezen aan de vliegende non van de Schilderswijk. Maar ook dat er geen 'gewone' mensen in zouden komen. Hier en daar werd er gemord, die daklozenopvang van Zus zou wel voornamelijk bestaan uit verslaafden die de buurt er niet veiliger op maakten. Ja, maar er kwam een manager die de boel in de gaten hield. En die manager had een kantoor dat iedere dag geopend was. Je kon er alles vragen en je mocht er ook komen klagen. Nou, dat was mooi geregeld, vond de buurt. Maar waar kwam dat kantoor dan? Dat hing af van de keuze van de manager. Van Gem dus. Ze besloot eerst maar even te onderzoeken wie haar bovenburen waren en wie het minste herrie maakten. Wie woonden er in de bovenhuisjes? Gem besloot haar licht op te steken bij Zus, want die kende zo langzamerhand iedereen in haar buurtje. Gem had van Zus al eerder een notitieboekje gekregen waar de nummers van de huizen in stonden en daarachter de namen van de vrouwen die er met hun talloze kinderen woonden. Namen die aan oosterse prinsessen deden denken. Sevda, Fatma, Elif, Fidan, Kamila, Rachida, Nada. Ze zouden wel schrikken als ze hoorden dat zij Gemmetje heette. Gemmetje Victoria, roepnaam Gem. Haha... Priscilla zou nog wel in dat rijtje gepast hebben. Nee, dan Fidan. Wat een prachtige naam! Zij woonde in het middelste bovenhuis, Gem besloot om daar maar eerst aan te bellen. Ze hoorde geschuifel achter de deur en ten slotte vertoonde zich een gezicht achter een klein raampje.

'Fidan, ben jij Fidan?' vroeg Gem. Het gezicht bestudeerde haar, maar toonde geen emotie. Nogmaals riep Gem: 'Ben jij Fidan? Ik ben Gem, de manager van het kantoor dat beneden komt. Doe es open.'

Er werden voorwerpen verplaatst en zo te horen ook weggeschopt. Daarna klonk er een schelle stem. Kennelijk de stem van Fidan, die een paar kinderen toeriep om opzij te gaan. Kinderen die gewoon terugschreeuwden. Pas na een flinke tik en wat heen en weer geruzie ruimden ze het veld en kon Fidan de deur opendoen.

Er stond een opvallend mooie vrouw, traditioneel in het zwart gekleed en met een zwarte doek half om haar hoofd, half op haar schouders gezakt.

'Ben jij Fidan?' vroeg Gem. 'Wat heb je een mooie naam.'

Fidan lachte. 'En jij bent Gem,' zei ze, 'ik heb van je gehoord, van je kantoor. Ik ben blij dat je bij ons komt.' Ze sprak slecht Nederlands, zoals de meeste Turkse vrouwen die Gem had ontmoet.

De kinderen, drie meisjes van misschien vier tot zes jaar, hadden zich achter Fidan verstopt en beloerden Gem om dat moederlijf heen, met kleine giecheltjes en duwtjes. Fidan bleef de meisjes van zich af slaan, tot ze luid gillend wegstoven, een kamertje in. Een van de meisjes wist nog net heel brutaal in de richting van Gem te meppen.

Fidan lachte naar Gem en nodigde haar met een gebaar uit binnen te komen. Voor haar uit liep ze de gang door naar een grote kamer waar een bank en diverse stoelen langs de muren stonden. Tussen de stoelen in waren kleine tafeltjes opgesteld. In het midden lag een rood Perzisch kleed, waarop kussens lagen in diverse maten en kleuren. Het geheel zag er ordelijk uit. Toch was dit een kamer waarin Gem niet graag alleen zou willen zijn. Fidan plooide met snelle bewegingen de doek om haar hoofd en zei: 'Ik zal thee voor ons halen.' Ze liep de kamer uit. De deur liet ze openstaan. Gem ging ongemakkelijk op de bank zitten en hield de deur in de gaten waardoor, voor haar gevoel, ieder moment die gillende monsters naar binnen konden stormen. Ze zocht om zich heen naar een asbak, maar die stond er niet. Nou, dan maar niet. Rookte ze straks wel.

Behalve die drie meisjes had Fidan nog een dochter van tien en twee zoontjes, van zes en acht jaar. En na veel vragen ook nog een man die een groente- en fruitzaak had en die na zijn werk meteen doorging naar het theehuis op de Vaillantlaan, waar de andere mannen ook naartoe gingen. Fidans leven werd volledig in beslag genomen door haar kinderen, ze noemde niet één keer de naam van haar man, en ook Zus haalde alleen haar schouders op toen Gem later naar de namen van de mannen vroeg. 'Gaan hun eigen gang,' zei ze, 'die vrouwen zoeken het bij elkaar. Ik bedoel, die vrouwen steunen elkaar, want die kerels kunnen er behoorlijk op los rammen.'

'O, en waarom lopen die wijven dan niet gewoon weg? Jij bent 'm toch ook uit dat maffe klooster gesmeerd?'

'Ja, dat is toch iets heel anders, ik zat toch niet vast aan een man.'

'O, en waarom heb je dan die halve gare Pater Piet meegenomen? Was dat niet je man?'

'Nee, natuurlijk niet, die moest me gewoon helpen. Boodschappen doen en zo en bemoei jij je maar met je eigen zaken.'

Fatma ontmoette ze op straat. Een stevige vrouw met een bolle baby van vier maanden in een kinderwagen. Ze had gehoord van haar bezoek aan Fidan en klampte Gem aan. Ze zou het leuk vinden als ze ook bij haar kwam. Maar niet te vroeg, 's morgens was ze nog met de baby bezig. En dan kreeg ze ook hulp van haar zus, die nog bij hun ouders op de De la Reyweg woonde. En na halfvier kon ook niet, want dan kwamen de andere kinderen thuis. Hoeveel kinderen kwamen thuis? Ze had er zes, de baby en nog vijf. En ze stond er alleen voor. Haar man had een nieuw gezin, met een baby zo oud als háár baby, ze scheelden maar drie dagen. Vandaar die hulp van haar zus. Het was moeilijk in het begin, ze kon alleen maar huilen. Ja, niet omdat hij weg was, ze zat ineens zonder geld, maar ze kreeg ook hulp van een maatschappelijk werkster. Ja, dat was in Nederland toch goed geregeld. Die zorgde voor een uitkering, want met zoveel kinderen kon zij niet gaan werken. In ieder geval hoefde ze niet meer bang te zijn... Ze brak haar zin af. Gem kon hem wel invullen na haar gesprek met Zus: bang te zijn voor zijn vuisten natuurlijk. Fatma ging door. 'Dus als je wil komen, dan is tussen twaalf en drie uur de beste tijd.'

'Ik heb er nu twee gezien,' zei Gem tegen Zus. 'Volgens mij zijn ze allemaal hetzelfde. Ze worden bedolven door schreeuwende kinderen en de mannen kiezen voor een eigen leven. Ik ga bijna denken dat Guus zo gek nog niet is.'

Daar was Zus allang van overtuigd, maar ze was zo verstandig dat niet te zeggen.

De volgende dan maar. Maar wie? Rachida? Rachida was niet thuis, er werd door haar moeder opengedaan. Ze maakte heftige gebaren en brabbelde onverstaanbare woorden, die door een meisje – haar kleindochter – werden vertaald. Rachida had een werkhuis, ze maakte schoon. Ze kwam pas om half zes terug met lijn twaalf en ging dan snel boodschappen doen op de markt, zodat ze meteen daarna kon gaan koken. De oma begon weer te brabbelen. Of mevrouw morgen kon terugkomen en wie ze was, zei het meisje. Maar mevrouw had de kluit kinderen gezien die inmiddels achter het tweetal stond te duwen en te gillen. Mevrouw kreeg het benauwd, ze keerde zich om en rende de trap af. Die rotkinderen...

Nog één keer, en als er dan weer zo'n duwende, gillende club kinderen achter zo'n deur stond, dan hoefde dat kantoor voor haar niet meer. Ze kon die kinderen niet boven haar hoofd verdragen, ze kon Dicky ook niet verdragen. Dit waren tien Dicky's tegelijk. Ze bleef nog liever koffie met condooms en gevulde koeken in kerstpapier verkopen bij Truus. Desnoods ging ze zelf tippelen in de Waldorpstraat, zoals Priscilla.

Sevda, dat was ook zo'n mooie naam. Ze woonde in dat bovenhuis op de hoek. Het was het grootste bovenhuis, het had net als het huis eronder een kamer meer. Er stond bij Sevda altijd een raam open. Er kwam muziek uit en er klonken ook stemmen. Maar niet dat kindergeblèr. Meer gelach. Gelach omdat iemand iets leuks zei, wat je zelf ook wilde horen. En op het balkon aan de achterkant had Gem een tafeltje met een groot zilverkleurig Turks theeblad gezien. Met kleine theeglaasjes erop. Met stoeltjes eromheen en als de zon scheen een oranje parasol. De balkons van de andere vrouwen stonden alleen maar vol met rotzooi. Daar kon geen stoel meer bij. Maar op zo'n balkon als dat van Sevda zou Gem zelf wel willen zitten. Maar niet alleen natuurlijk. Met Sevda erbij. En dus belde ze aan. Een jongetje, op z'n tenen staand, kon nog net de deur opendoen. Hij blies belletjes van de inspanning en lachte naar Gem. Zijn moeder, met een baby in haar armen, kwam naar hem toe lopen, bukte en prees zijn prestatie. Hij keek trots naar Gem, wees op zichzelf en zei: 'Knappe jongen.'

De knappe jongen heette Mehmet. Hij had behalve een babyzusje – Elin – nog twee zusjes, van zes en zeven jaar, en een 'grote broer' van acht. Ze zaten op school en Mehmet ging ook, later.

Hij mocht nog spelen, thuis, zei hij. Hij pakte Gems hand

en trok haar mee naar zijn kamer, die hij deelde met de grote broer. Speelgoed lag verspreid over de grond. Hij schoof meteen op een stoeltje, pakte een vel papier en begon te tekenen.

'Maak ik voor jou.'

'Wil jij de baby een flesje geven?' vroeg Sevda. 'Ik maak het even warm.' Ze gaf het kind over aan Gem om in de keuken de fles op temperatuur te brengen. 'En ga maar op het balkon zitten, ze is al verschoond. Hier, doe maar een doek om haar heen.' Het gebeurde allemaal zo vanzelfsprekend dat Gem zich meteen op haar gemak voelde. 'Ik kom zo bij je met thee,' zei Sevda, 'appelsmaak, is dat goed? En dan laat ik je straks het huis zien.'

Dit was het eerste huis waar Gem zich thuis voelde. Na al die kindertehuizen, pleeggezinnen, psychiatrische inrichtingen en het opvanghuis waar ik haar een jaar begeleid had; na Pien, Zus en Truus... Dit was het eerste huis. Er werd niet geschreeuwd. Er was muziek op de achtergrond. Niet haar muziek, maar de muziek van Sevda, muziek waarop Sevda zacht heen en weer deinde, muziek uit het land waar Sevda geboren was. Zelfs de lichtval was zoals die zijn moest. Zacht, via de oranje parasol op het balkon en in de kamer. Een baby die niet huilde maar haar ernstig zuigend aankeek en haar handjes ritmisch opende en sloot. De weldadige druk van het hoofdje in haar arm. Appelthee. Nog nooit had ze van iemand appelthee gekregen met mierzoete koekjes op een schoteltje erbij.

'Mooi zo,' zei Zus, 'het wordt dus het benedenhuisje op de hoek, ik geef het door. De Congregatie is bereid om wat geld te doneren, we gaan kijken bij IKEA naar een bureau, een bed, gordijnen...'

'Hohoho,' riep Gem, 'niet zo snel, ik heb nog niet besloten, ik ga er eerst kaal zitten, eerst kijken of ik het écht wil.'

19

Maar ze zat niet in een kaal kantoor, de volgende dag zat ze gewoon bij Sevda. Ze ging met haar mee naar de markt, genoot omdat Sevda ervan genoot, vertelde aan Sevda over haar leven, over de boerderij waar ze geboren was en waarvan niemand wist waar die stond. Nu ze ouder werd, groeide haar verlangen om dat grote geheim te ontrafelen. En Sevda luisterde. Dacht met haar mee. Ze had gehoord van mensen die in dezelfde omstandigheden verkeerden als Gem en die met een advocaat erachter waren gekomen waar ze vandaan kwamen. De rechter had de kinderbescherming gedwongen om namen en adressen prijs te geven. Kon dat bij Gem ook? Sevda zou ernaar informeren. En ze vertelde over Guus die zo goed voor Dicky zorgde, dat Dicky toch haar baby was geweest, net zoals de baby van Sevda de baby van Sevda was. Ze vertelde van al die anderen, die wel vreemden waren, maar toch dicht bij haar stonden omdat ze net zo'n zwerversbestaan hadden als zij en het goed met haar meenden. Ze vertelde van Zus, van Truus en van de meiden die 's nachts bij Truus kwamen en die zij koffie schonk. En ten slotte vertelde ze over de donatie van de Congregatie. 'Haha,' ze gierde het uit, 'dat rijmt, de donatie van de Congregatie.' Sevda lachte met haar mee. Ze sloeg haar arm om haar heen, drukte haar stevig tegen zich aan en voerde haar mee langs de stalletjes, langs al die verkopers die naar Sevda lachten en zwaaiden. En al weer kreeg ze dat wonderlijke gevoel dat ze thuis was. Dat ze met die armen van Sevda om haar heen veilig was. En Sevda begreep haar. 'Laat maar aan mij over,' zei ze, 'het gaat allemaal te vlug voor jou. Kom jij als je wakker bent 's morgens maar gewoon bij mij. Ik ga wel praten met Zus en wij gaan samen jouw huisje inrichten zoals jij het hebben wilt. We beginnen gewoon met de poster van Zus. En we gaan samen kijken wat je zou kunnen doen in jouw kantoortje, iets waar zowel jij als Zus wat aan hebben. Maar misschien ben je er nog lang niet aan toe om daar iets te doen en blijf je voorlopig gewoon bij Truus werken. En pas als je het zelf helemaal wilt, dan gaan we samen die donatie van de Congregatie ophalen en je huisje inrichten.'

Zus liet zich met tegenzin door Sevda ompraten. Ik verdenk Zus ervan dat ze niet wilde toegeven dat Sevda het beter wist dan zij. Ze was bang dat uitstel tot afstel zou leiden. Ze kwam met allerlei argumenten, dat Gem deze kans niet voorbij moest laten gaan, dat de gemeente maar één keer zo'n geweldig aanbod deed, dat er voldoende kapers op de kust waren die zaten te azen op het baantje van Gem, maar Sevda schudde bij alles het hoofd. Nee, er was niemand hier beter voor geschikt dan Gem, alleen, ze moest eraan toe zijn, het moest háár idee zijn en niet dat van Zus, want anders zou ze bij de eerste tegenslag het bijltje erbij neergooien. Ze moest de kans krijgen zelf haar plannen voor haar kantoortje te ontwikkelen. Maar dan zou ze wel eerst afgerekend moeten hebben met haar angst om alleen in haar huisje te moeten leven, werken en vooral slapen.

20

Dat 'afrekenen' was nog niet zo'n eenvoudige zaak. Gem was zo gewend op vele sporen tegelijk te lopen, juist om haar angst te óntlopen, dat ze daar met het grootste gemak mee doorging.

Ze bleef bij Truus werken, haastte zich zodra ze wakker was naar Sevda, die als een goeie moeder al op haar wachtte met appelthee en koekjes op het oranje balkon, ze gingen samen met de jongste kindjes boodschappen doen op de markt, haalden de andere kinderen op van school om daarna thuis te gaan koken. Ze bleef net zo lang bij het gezinnetje tot ze van Sevda een seintje kreeg dat haar echtgenoot via zijn theehuis terugkeerde naar huis. Die zag hem in de verte aankomen.

Gem had geen zin hem te ontmoeten, dus was het voor haar tijd om te vertrekken. Want stel – en daar overviel haar die angst – stel dat zij hem niet beviel en dat ze niet meer mocht komen... Naar Zus kon ze beter ook niet gaan. Zus zou misschien niet meteen, maar toch wel binnen een paar dagen met haar willen praten over de plannen die ze voor haar had gemaakt, ja, de gemeente had natuurlijk ook dat interview gelezen, Zus zou haar duidelijk willen maken dat het verstandig zou zijn om zo gauw mogelijk tot actie over te gaan, niet wachten tot je kans voorbij is. Ach, wat wist Zus van de angsten die Gem konden overvallen als ze alleen in bed lag?

Als Zus alleen in bed lag had ze altijd God en Jezus bij zich. En als Gem alleen in bed lag, was ze meteen aan het piekeren over haar kantoortje, waarvan ze echt niet wist wat ze daar doen moest. Er bleef Gem niets anders over dan ook Zus te ontlopen en een hapje mee-eten met Pien, Guus en Dicky en daarna naar Truus gaan. Zelf een potje koken kwam niet in haar op, want dan zou ze dat zo uit de pan – ze had niet eens een bord – moeten opeten, in haar eentje, en in haar eentje eten had ze nog nooit gedaan. Ze kon natuurlijk ook metéén naar Truus gaan, want die zette haar huiskamer om zeven uur al open, boterhammen en gevulde koeken genoeg bij Truus en daar mocht ze in ieder geval zoveel roken als ze wilde. Bij Pien en Truus zaten ze tenminste niet aan haar hoofd te zaniken over haar toekomstplannen en wist ze zeker dat haar inbreng welkom was. Truus zette haar meteen aan het werk, plee boenen, broodjes smeren en koffiezetten, ze verwachtte zoals altijd 'heel veel meiden' 's avonds.

Guus was altijd blij verrast als ze kwam. Hij schoof meteen een stoel voor haar aan – 'Kijk es wie daar is, mámma...' – en Pien schepte haar bord vol en wilde alles weten over de kinderen van Sevda, vooral over Mehmet, die zo ongeveer even oud was als Dicky, en Dicky kroop zelfs bij haar op schoot en tikte, 'mamma' roepend, op haar wang als hij haar aandacht wilde hebben. En dat zag Guus weer en dan trok er iets zonnigs over zijn gezicht en vroeg hij: 'Blijf je ook slapen?' En dan zei ze: 'Nee, ben je gek.' Vaak dacht ze daarachteraan dat ze dat misschien best zou willen, want wie weet was ze dan nooit meer bang.

Over dat 'blijf je ook slapen' en 'nee, ben je gek' moest ze de laatste tijd veel denken en op een nacht – om halftwee – belde ze me uit mijn slaap. Ze zat bij Truus, want ik hoorde gekakel, gelach en geroezemoes en de stem van Truus daartussendoor.

'Ja, sorry hoor, ik bel je toch niet wakker, hè, maar...' waarna ik op de hoogte werd gebracht van het etentje bij Pien, de zoveelste keer dat Guus haar vroeg of ze bleef slapen en het botte antwoord dat ze gewend was hem te geven. Wat ik daarvan vond...

'En nou niet zeggen: "Wat vind je er zelf van?"' riep ze er pinnig achteraan.

'Op de eerste plaats,' zei ik, 'wat vind je er zelf van? Op de tweede plaats: als je het niet probeert, weet je niet of je het fijn vindt. Op de derde plaats: het is verdorie halftwee, mag ik slapen alsjeblieft?'

21

Op een dag zei Guus dat hij Sevda en de kinderen weleens wilde ontmoeten. Guus zou met Dicky langs kunnen komen bijvoorbeeld. Gem schrok. Ze schrok altijd als iemand haar in háár wereld wilde ontmoeten. Al weer die angst. Angst voor afwijzing in dit geval. Dat Sevda dit niet wilde. Geen mannen bij haar over de vloer. En dat ze daarom ook Gem van zich af zou houden. Nee, nee, dat mocht niet gebeuren. In geen geval. Guus haalde alleen zijn schouders op. Dan niet, natuurlijk. Als Gem het niet wilde. Hij dacht alleen dat het voor Dicky goed was als hij wist waar zijn moeder vaak kwam.

En vooral omdat daar toch een jongetje van zijn leeftijd was. Maar nee, nee, in geen geval. Dit wilde ze niet.

Tot haar verbazing begon Sevda een paar dagen later zelf over Dicky. Zou het niet leuk zijn als Gem Dicky een keer meenam, zodat hij met Mehmet kon spelen. Of met hun mee kon gaan naar de markt, daar was voor die kereltjes zoveel te zien, er gebeurde daar zoveel, dat was een nieuwe wereld voor Dicky. Gem wist niet wat ze hoorde. O, nou, als Sevda dacht dat dat leuk was voor die jongetjes... 'En misschien dat Guus dan mee kon komen om even kennis te maken,' zei Sevda.

En dus vertrokken Gem en Guus samen als een schoongewassen echtpaar naar Sevda, die hen met appeltjesthee en mierzoete koekjes hartelijk ontving op haar oranje balkon.

Dicky en Mehmet konden het meteen goed met elkaar vinden. Ze verdwenen samen in het kamertje van Mehmet en kwamen er beladen met tekeningen een tijdje later weer uit. Hun geklets en gelach was tot op het balkon te horen, tot groot genoegen van de wederzijdse ouders. Ook op de markt waren ze echte maatjes, ze liepen hand in hand, wezen elkaar op dingen waarover te lachen viel, namen gretig zoetigheden of vruchtjes aan bij de stalletjes en speelden zelfs verstoppertje om hun moeders te laten schrikken. Er kwamen vervolguitnodigingen, waarbij Guus zo verstandig was om Gem en Dicky alleen met zijn auto af te zetten bij Sevda. De jongetjes keken naar elkaar uit, eigenlijk was iedereen tevreden. Gem omdat haar wereldje niet geschonden werd door 'buitenstaanders', Guus omdat hij niet werd buitengesloten, de jongetjes omdat ze samen op avontuur gingen en Sevda omdat ze zag dat iedereen door haar toedoen tevreden was, maar ook omdat ze voelde dat Gem haar vriendin was geworden.

22

Niemand vroeg meer wanneer dat kantoor nou openging. Het kaartje GESLOTEN/ GEOPEND hing er al maanden, maar wel met GESLOTEN naar de straat gedraaid terwijl de opgerolde poster van de vliegende non van de Schilderswijk in een hoekje stond te verwaarlozen.

Gem had zich al eens hardop afgevraagd wie nou voor het eerst op het idee van dat kantoortje was gekomen. 'Ikke niet,' zei ze alvast.

'Dat was Gem,' was het antwoord van Zus. 'Gem ging toch zelf kijken wie er boven haar woonden en hoeveel herrie die mensen maakten?'

'Nee,' zei Truus. 'Volgens mij was het toch Zus, want Zus wilde die huisjes hebben voor haar mensen.'

Waarop Truus meteen de wind van voren kreeg, want waar bemoeide zij zich mee?

'Ja, Zus,' zei Sevda, 'ik zei nog tegen haar dat we niet overhaast te werk moesten gaan, want dat daar brokken van kwamen.'

'Dat heb je niet tegen mij gezegd, maar tegen Gem,' riep Zus.

'Sst allemaal...'

'Ja, sst...' zei Zus. Ze haalde er ook nog even God bij. 'Hoe dan ook, dat kantoor moet er komen, de gemeente heeft me gevraagd hoe het ermee stond en ik wil de eerste mensen in de huisjes onderbrengen.'

En zo geschiedde. Zus zette haar schouders eronder en binnen een week wist ze met Pater Piet – die inmiddels Pater Pi-jet heette – en een stel vertraagd sloffende, half verdoofde bewoners van een van haar percelen een kantoor uit de grond te stampen. Het bordje werd van 'gesloten' naar 'geopend' gedraaid, de Turkse bakker liet een boeket bloemen in een vaas bezorgen met een reclamekaartje eraan: DE LEKERSTE BRUNNE BOLETJES KOMEN VAN DE TURKSE BAKKER, het IKEA-bureau (Zus toch haar zin) werd in elkaar gezet, er kwam een lijvig IKEA-bed met springveren matras en donzen dekbed in het achterkamertje, de poster werd door IKEA aan de muur geplakt (service), er werden acht IKEA-klapstoeltjes tegen de muur geplaatst voor eventuele vergaderingen, er kwam een extra koelkast in de keuken te staan voor de dranken die op de eventuele vergaderingen gedronken zouden worden en de IKEA-gordijnen werden door IKEA opgehangen.

'En nou aan de slag,' zei Zus en ze klapte in haar handen. Waarop iedereen door elkaar heen begon te lopen.

23

'Aanwezig zijn Zus, Yvonne, Gem en Sevda. We moeten dit voortaan noteren, zoals op echte vergaderingen gebeurt,' zei Sevda.

'Ja, hoe zit dat eigenlijk, hoe vaak hebben we een vergadering?' vroeg Gem aan Sevda. Zus was er als de kippen bij om hierop antwoord te geven. Deze vergadering was een suggestie van Sevda, zei ze. Sevda dacht dat het verstandig was de buurt erbij te betrekken. Omdat er in de huisjes zo'n verloop was van – laten we zeggen – nou niet direct frisse, Hollandse knapen.

De aap kroop nu langzaam verder uit de mouw. Het zat namelijk zo. Het zat dus zo. Het zat zo. Zus had met Sevda een middagje gebrainstormd en daarbij had haar suggestie handen en voeten gekregen. Zus vond dat Sevda zich het afgelopen jaar zo goed had geprofileerd dat zij het vertrouwen had gekregen van alle vrouwen van de bovenhuisjes plus een groot deel van de buurtbewoners en natuurlijk al helemaal van Gem.

'Wat is dat, "geprofileerd"?' vroeg Gem.

'Dat Sevda heeft laten zien wat ze kan, waar ze talent voor heeft.' Zus voelde zich duidelijk ongemakkelijk bij haar uitleg. Had ze niet toch eerst met Gem hierover moeten praten? Ze keek Sevda aan. Waarom zei ze niets?

'Ik bedoel...' legde Zus uit, 'ze heeft haar karakter getoond, ze zou samen met jou dit kantoortje kunnen opbouwen, zodat iedereen er plezier van heeft.'

Gem vloog spontaan eerst Zus en daarna Sevda om de hals. 'Echt waar? Dat wil je echt, Sev? Je denkt dat ik het echt kan? Je vertrouwt me? En ik hoef het niet alleen te doen, jij doet mee? En mag ik dan wél met mijn ideeën komen, dat het niet alleen jouw ideeën zijn? Zweer je het?'

Sevda moest om haar lachen. Die spontaniteit... Die angst die nog altijd om een hoekje gluurde. Het ontroerde haar. Ze hield van dit mens. 'Ik zweer het.'

'Nee, met twee vingers in de lucht, dan is het echt!' zei Gem.

Sevda stak twee vingers in de lucht. Zus trok meteen haar bijbeltje uit haar zak en hield dat plechtig voor Sevda omhoog. Maar Sevda legde haar andere hand niet op het bijbeltje, maar op de schouder van Gem.

'Ik zweer het op onze vriendschap.'

24

Er viel veel te regelen, en daar was Sevda goed in. Ze begon met de dagopvang voor haar twee jongste kinderen. Ze wilde plaats op korte termijn, liefst binnen een paar weken, en toen haar geen toezegging kon worden gegeven, was MOGELIJKHEDEN KINDEROPVANG SCHILDERSWIJK VERGROTEN de eerste aantekening die ze maakte in het IDEEËNSCHRIFT dat ze op het bureau had neergelegd. Ze had begrepen dat alles viel of stond bij de tijd waarover ze zelf kon beschikken. Tot één uur 's middags wilde ze voor haar werk haar handen vrij hebben. Daarna moest ze beginnen aan haar taken thuis en zou Gem het kantoor van haar moeten overnemen.

'Dat kan je toch wel, Gem?'

De angst greep Gem bij de keel. Want hoe moest ze dat organiseren? Ze had nog nooit georganiseerd in haar leven. Alles was tot nu toe voor haar bedacht en geregeld. Jij kan beter naar dát kindertehuis. Wij hebben besloten dat jij beter past in het daar heersende systeem. Jou wordt niks gevraagd, wij weten het echt beter. We hebben een pleeggezin voor je gevonden waar jij precies bij past. Hoe speelde Gem het klaar dat ze Sevda om één uur kon vervangen? Dat vereiste allereerst een paar veranderingen in het schema van Truus, en Truus had ze ook niet aan een touwtje. Knarsetandend en aan haar haren trekkend en pulkend liep ze rondjes om Sevda heen en ten slotte hief ze haar handen ten hemel. Hoe, wat, waarom, wanneer, hoe kreeg ze dat voor elkaar? Sevda stond haar glimlachend te bekijken. Rustig maar. De oplossing voor haar probleem was simpel, zei Sevda. Gewoon de wekker bij Truus wat vroeger laten aflopen en van één tot twee uur draaien we het bordje op 'gesloten'. En dan ook een fiets op de kop tikken. Niet jatten natuurlijk, daar moest ze eindelijk ook maar eens mee ophouden, maar gewoon tweedehands. Of misschien had ík er nog een voor haar in mijn schuur staan, zei Sevda, mij aankijkend. En dat laatste was zo. Ik had er zelfs twee staan die niet werden gebruikt. Gem kon van mij wel een fiets krijgen. Ja, maar ze kon helemaal niet fietsen. Ze had nog nooit op een fiets gezeten. In die rottige kindertehuizen leerden de kinderen nooit fietsen, dat kostte veel te veel tijd. O, maar dat leerde Pater Pi-jet haar wel even, hij had al heel wat Turkse en Marokkaanse vrouwen de kunst van het fietsen bijgebracht. En misschien dat Guus dan met die grote kar van de zaak...

Ja hoor, Guus was de beroerdste niet, de volgende dag haalde Guus de fiets bij mij op, en nog diezelfde avond begonnen de lessen van Pater Pi-jet op het voorplein van de school in de Zusterstraat onder toezicht en luide aansporingen van de lieve jeugd, die na het eten nog even buiten mocht spelen. Op eigen fietsjes reden de kinderen een eindje met Gem mee, allerlei fratsen uithalend. Balancerend op een achterwiel kruisten ze het pad van Gem, of ze remden piepend vlak vóór haar zodat ze haar evenwicht verloor. Nog net kon ze door Pater Pi-jet overeind worden gehouden omdat hij met een snoekduik haar bagagedrager vastgreep. Dat leverde hem een enthousiast applaus op. Maar het meeste succes had Pater Pi-jet toch toen hij aan het eind van de avond hijgend het hele traject achter Gem aan kon afleggen met een rooie kop, een overhemd met een natte rug en het zweet zichtbaar parelend op zijn voorhoofd. Ritmisch klapten de kinderen mee, daarbij zijn naam scanderend: 'Pa-ter-Pi-jet, Pa-ter-Pi-jet, Pa-ter-Pi-jet, grote pret met Pa-ter-Pi-jet.'

25

Gem kwam het kantoortje binnenstuiven op het moment dat wij een vergadering gepland hadden.

'Wat gebeurt....!' schreeuwde ze.

Vier klapstoeltjes stonden bij het bureau en Zus, Sevda en ik – omdat het de eerste vergadering was wilde Zus mij er graag bij hebben – hadden er juist op plaatsgenomen.

'Wat gebeurt.... Mijn fiets is gestolen!'

'Jij hebt ook altijd wat!' riep Zus. 'Net gister een fiets gekregen en vandaag al gejat.'

'Vannacht! Voor de deur van Truus! Terwijl ik daar lig te slapen nota bene!'

'Stond hij niet op slot dan?' vroeg Sevda, die haar lachen nauwelijks kon inhouden.

'Tuurlijk wel.'

'Met een ketting? Aan een boom of zo?'

'Wie ze ketting? Wie ze boom?'

Nu barstte Sevda in lachen uit. 'Jóúw ketting natuurlijk.'

'Ik heb geen ketting en je hoeft me niet uit te lachen. Heb ik eindelijk wat, wordt het gestolen. Wat een achterbakse rotlui zijn dat, kunnen met hun tengels niet van andermans spullen afblijven. Ik heb de hele weg hiernaartoe moeten hollen om op tijd te komen. Die lui denken er geen moment aan wat ze een ander aandoen. Als ik wist wie me dit heeft geflikt, misschien wel een van die meiden van Truus, dan zou ik haar aan d'r haren naar binnen slepen en haar fijntjes uitleggen wat... nou ja... dat... wat gebeurt als je een fiets van een ander jat... ik bedoel... wat gebeurt...'

Nu lagen we allemaal krom van het lachen, zelfs Zus. Gem, die een leven lang alles bij elkaar gejat had, liep nu vast in een filosofische verhandeling over 'wat er met de ziel van een ander gebeurt' als je ging jatten. Tegelijkertijd was het ontroerend.

'Ik ben m'n fiets kwijt en jullie maar lachen.'

Ze begon waarachtig te huilen. Ik trok haar naar me toe. 'Gelukkig heb ik er nóg een in mijn schuur staan.'

Ze veegde meteen haar tranen af. 'Ga ik gelijk Guus bellen. Of hij hem kan ophalen.'

Nog tijdens onze vergadering kwam Guus met haar nieuwe fiets aan. Mijn dochter had hem op mijn verzoek aan hem meegegeven. Een ketting had hij onderweg gekocht.

'Goh,' zei Gem, terwijl ze de ketting bekeek, 'kan je iemand mee doodslaan.' Ze gooide de ketting nonchalant op het bureau – daar zat meteen een buts in – en vloog Guus om de hals.

Hij sloot zijn armen om haar heen en even bleven ze zo staan. Hij streelde over haar rug en ik zag dat er op zijn gezicht, maar ook op haar gezicht, een lachje kwam. 'Ik zal je wel leren wat je nog meer met die ketting kan doen behalve doodslaan.'

26

Eigenlijk gebeurde er niets bijzonders, en toch was het iedere dag zo druk in het kantoor dat Zus mijn medewerking inriep. Tijdelijk, zei ze, maar over stoppen werd met geen woord gerept. Sommige mensen kwamen uit nieuwsgierigheid langs, vaak ook aangetrokken door de levensgrote poster van Zus, die toch vrijwel iedereen kende. Anderen hadden problemen met hun huis, of met de buren. Daar was een tactisch optreden voor vereist en dat was meer de afdeling van Sevda. Drie dagen in de week hield ik de administratie bij en kon ik ook Gem een beetje op de rails houden. Want het bleef moeilijk voor haar. Ze kon slecht op een stoel blijven zitten. Ze stond op, liep een stukje, ging zitten, stak de ene sigaret na de andere op. Haar aandeel bestond doorgaans uit nieuwe bewoners – over het algemeen opgejaagden, die zelf nauwelijks wisten waar ze vandaan kwamen – koffie geven, en een sigaret natuurlijk, op hun gemak stellen door ze hun verhaal te laten vertellen, van kleren voorzien die we inmiddels van links en rechts hadden gekregen en die door Gem en Sevda werden gewassen en in een gangkast werden opgehangen. Mijn administratieve taak bestond uit het aanvragen van een uitkering, en vaak ook van het begeleiden van zo'n tijdelijke bewoner naar de sociale dienst, wanneer de persoon zelf bijvoorbeeld niet in staat was om in z'n eentje een vragenlijst in te vullen. Mijn respect voor Zus werd met de dag groter, want al die jaren had zij dit toch maar allemaal in haar eentje gedaan in dat uitdijende 'percelencomplex' van haar.

Nou ja, in haar eentje... Pater Pi-jet was er ook nog.

Het ideeënschrift ging van hand tot hand. Soms werd er wat in gebladerd, en leverde dat alleen maar schampere opmerkingen op, zoals 'dat kunnen we wel willen, maar dat krijgen we toch niet voor elkaar'. Maar vaak werd er enthousiast gereageerd op een goed idee, een wens, maar ook op een zo op het oog onuitvoerbaar plan. De plannen en ideeën kwamen grotendeels uit het brein van jonge Turkse en Marokkaanse vrouwen. Ze wilden hun leven een wending geven. Ze vonden bijvoorbeeld van zichzelf dat ze niet goed Nederlands spraken. Sevda pakte dat meteen op. Vroeg de vrouwen op een morgen te komen. Kinderen? Die mochten mee. Sevda zorgde voor speelgoed om de kinderen zoet te houden en ja, schalen met zoetigheden werden vanzelfsprekend op het bureau neergezet. Er kwamen meer plannen, meer ideeën die gezamenlijk besproken moesten worden. De vrouwen wilden naailes krijgen en naaimachines kopen voor gezamenlijk gebruik. En computers! Ze wilden fietstochten maken onder leiding van een gids, om op die manier de andere wijken van de stad te leren kennen. Ze wilden wandelen en aan sport doen, lid worden van de bibliotheek, met elkaar een boek lezen en bespreken, schrijvers uitnodigen en met hen discussiëren, kookcursussen organiseren, eten van over de hele wereld leren maken en gezamenlijk opeten op Koninginnedag en het jaarlijkse straatfeest. Ja, straatfeesten organiseren met wedstrijden voor de kinderen, die had je ook in andere wijken!

En dus werden er meer bijeenkomsten gepland. Het werd al gauw duidelijk dat het kantoortje met z'n acht klapstoeltjes niet groot genoeg was voor het uitwerken van al die enthousiaste plannen van vrouwen die hun leven op gang wilden brengen. Iemand kwam met het idee om te vragen of op de Ambachtsschool 's avonds een ruimte kon worden gehuurd. Er moest een delegatie naar de gemeente. De vingers gingen omhoog, Sevda stelde een groepje samen dat het gesprek moest voorbereiden. Sevda zou met de gemeente een afspraak maken.

27

Zoals indertijd iedereen zich afvroeg wie nou toch voor het eerst met het idee van dat kantoortje was gekomen, zo was men er nu – na een succesvol jaar – als de kippen bij om zich zelf de bedenker ervan te noemen. Want dat was het, een succes. Het kantoortje functioneerde weliswaar anders dan men gepland had, het was wel de plek waar elke buurtbewoner 's morgens naartoe kon komen voor een vraag of een klacht die door de manager van Zus aandachtig werd aangehoord, om vervolgens naar de juiste persoon te worden doorgespeeld. Alleen was de manager van Zus tot ieders tevredenheid niet Gem, maar Sevda geworden. Gem had er na twee weken al meer dan genoeg van om 'dat gezeik' aan te horen. Dat gezeik bestond er meestal uit dat diverse Turkse en Marokkaanse vrouwen hun harten luchtten op maandagmorgen.

'Het lijkt wel of die grieten in het weekend allemaal een pak op hun sodemieter van die kerels krijgen. Zijn die theehuizen dan soms dicht? En van huis weglopen durven die vrouwen niet, want dan grijpen die klootzakken hun kinderen. Als ik zeg dat ze met die kinderen naar zo'n vrouwenhuis moeten gaan en dat de politie hun zo het adres geeft, en soms nog brengt ook, dan zeggen ze dat die vent van hunnie ze toch opspoort en dat ze dan helemaal in elkaar geslagen worden. Nou, dan ga je toch helemaal weg. Smeer 'm, zeg ik, wegwezen, en in plaats daarvan staan ze hier de volgende maandag weer hetzelfde verhaal te vertellen, nou, daar heb ik geen zin in, hoor, dat gezeik.'

Sevda hoorde haar serieus aan. Ze begreep dat Gem te weinig op de hoogte was van de verhoudingen in Turkse en Marokkaanse gezinnen. Aan de ene kant gaf ze Gem gelijk, de vrouwen moesten, zoals Gem zei, dat gedrag van die mannen niet pikken, maar aan de andere kant konden ze ook daadkracht tonen en aan hun eigen ontwikkeling werken. Dat gebeurde vaak en daarin moesten deze vrouwen gesteund worden. Door andere vrouwen, door vrouwen zoals Sevda bijvoorbeeld, maar ook Nederlandse vrouwen, en als Gem zich bij haar zou willen aansluiten, zou Sevda dat toejuichen.

Maar zover was Gem kennelijk nog niet. Ze keurde het wel openlijk af, dat vrouwen op straat een paar meter achter hun man aan moesten lopen – als een paar ingepakte worsten, zei Gem – en daarmee toonden dat vrouwen minder waard waren dan mannen, maar met dat gezeik op maandagmorgen kon ze niet omgaan.

Maar het was niet alleen maar 'dat gezeik'. Gem was afgeleid omdat haar oude vriendin Priscilla weer op haar pad was gekomen. Ze was als de verloren dochter bij Truus binnengewandeld, net op een moment dat er daar topdrukte heerste en de gemeente Den Haag bovendien bezig was – op initiatief van de buurtbewoners – de tippelzone op te heffen. Er waren in de raad net zoveel voor- als tegenstemmers, en Priscilla wist te vertellen 'dat dat opheffen heel veel ophef veroorzaakte en dat het nog een heel getouwtrek zou worden'. Truus volgde alle vergaderingen, gaf zich iedere keer op voor drie minuten spreekrecht en werd volgens Gem zo langzamerhand 'een zenuwenlijer', want telkens als ze to the point kwam, waren de drie minuten net om. Wat ze had willen zeggen, dat als je de tippelzone opheft in de Waldorpstraat, die zich dan vanzelf verspreidt door de hele binnenstad, werd 'wegens overschrijding van de tijd' afgehamerd. Ze moest er niet aan denken dat ze haar liefdesbaby – zoals ze haar huiskamerprojekt noemde – moest opgeven en dat ze zou moeten terugkeren naar haar Congregatie van de Zusters van Liefde in Tilburg.

Priscilla viel met haar neus in de boter. Ze gleed met haar leiderscapaciteiten geruisloos op de plek van Truus, alleen kon ze zich natuurlijk niet het bed van Truus toe-eigenen.

Gelukkig wist Gem raad. Die kamer achter het kantoortje met dat dubbele IKEA-bed met dat springveren matras en dat donzen dekbed was toch van haar? Alleen was ze er nog niet toe gekomen om in haar eentje in dat bed te gaan slapen. Alles stond ervoor klaar. Een dubbel slot op de deur naar de tuin en ook een stoel die de deur kon barricaderen, want het zou haar niet weer gebeuren dat ze 's nachts verkracht werd door een insluiper. Angst, ze werd altijd overvallen door angst. Maar met Priscilla durfde ze wel in dat bed te slapen. Ze hadden in Zetten toch ook vaak samen een kamer, en zelfs een bed, gedeeld. Ja, als ze aan die tijd terugdacht, was Priscil toch eigenlijk altijd haar beste vriendin geweest.

En mocht Priscil toch liever die kamer alleen willen hebben, dan kon Gem natuurlijk ook in het kabinet naast Truus blijven slapen. Die tent van Truus was voorlopig nog niet opgedoekt, dus er viel nog veel te kiezen. Alleen in dat kabinet mocht ze van Truus niet roken. Niet om het roken, want Truus die rookte al net zo hard, maar omdat ze bang was dat de boel in de fik zou vliegen als ze met een sigaret in d'r mond in slaap zou vallen. Het voornaamste was dat ze Priscilla weer terug had en dat Sevda dat kantoortje 's morgens op zich wilde nemen. Wat een geluk. Enne, hoe zat dat eigenlijk met dat invalidenkarretje van Pater Pi-jet? Had Priscil dat nog? Nee, dat niet, ze had het uiteindelijk toch verkocht, maar als Gem dat wilde, kon ze bij wijze van spreken morgen al aan een nieuw karretje voor haar komen. Want geld was voor haar geen probleem meer. Trouwens, zonder geld kon ze morgen ook aan een karretje komen, het was bij haar nog steeds: ga je weg, anders pik ik je weg. Hahaha. Intussen ging het Priscilla niet meer om het geld, maar om een doel in het leven. O, een doel in het leven, daar had Gem nooit over nagedacht. Maar dat karretje, dat zou helemaal te gek zijn, zei Gem. Lekker, zo'n ding, voor als het regent, dan was het net of ze in een tent op wielen zat. Op haar fietsje werd ze altijd zeiknat. Zo'n karretje zou nog weleens een doel in haar leven kunnen worden. Gem was zelfs al aan haar vierde fiets bezig, want haar fietsen werden altijd gejat. Maar echt hoor, als Priscil dat wilde, dan kon ze zo die kamer van Gem voor zichzelf krijgen.

28

Voorlopig waren de meiden nog niet uitgekletst, want hoelang had Gem Priscil al niet gezien?

'Vertel, vertel,' zei Gem. 'Wat gebeurt? Wat gebeurt?'

'Ja, wat gebeurt? Ik ben getrouwd!' zei Priscilla met een stalen gezicht. 'Heel verhaal, ik ben al bijna een maand getrouwd.'

'Nee joh, dat kan niet, jíj getrouwd, heb je dan een kind soms...'

'Nee, ben je gek, ik zeg toch, ik wil een doel in m'n leven.'

'Ja, maar toch niet een vent, kan je de hele avond op de bank zitten televisiekijken naar voetbal en 's nachts gratis een wip.'

'Ja. da-hag, dát doe ik niet. Voor een wip moeten ze betalen. Nee, ik heb het wel geschoten. Ik ben getrouwd met een Turk, die al een tijd op zoek was naar iemand met een Hollands paspoort, zodat hij ook Nederlander kon worden. Dat is een hele rage op het ogenblik. En toevallig is het nog een leuke vent om te zien ook, alleen hoef ik hem niet te zien. En hij heeft geld, veel geld zelfs. Hij heet Aslan, meneer Aslan heet die Turk, en ik heet nu dus mevrouw Aslan. Hij heeft een louche makelaar in de arm genomen die dit soort huwelijken in elkaar zet. Die vent is op de tippelzone gaan rondkijken. Hij vond mij wel een goed tiep en hij sprak mij aan. Ik dacht eerst een klant natuurlijk, maar nee, toen kwam hij met dat trouwverhaal. En als vrouw kan je ook met je eisen komen. Ik heb gezegd, ik wil wel getrouwd zijn met meneer Aslan, maar niet langer dan twee jaar. Daarna wil ik scheiden. En ik wil niet met hem in één huis wonen en in één bed liggen. Ik wil helemaal niet dat hij aan me zit, hij mag niet eens op bezoek komen, ik wil zelfs niet dat hij weet waar ik woon. Hij zoekt maar een eigen vriendin, die meneer Aslan. Ik trouw alleen maar omdat hij dan Nederlander kan worden en ook uitkeringen krijgt, net als de andere Nederlanders. En dat ik daar dan geld voor krijg. Hoef ik hem nog niet in mijn bed te hebben. Nou, toen ging die makelaar in zijn opschrijfboekje zoeken. Dat is dan het tarief van twintigduizend gulden voor twee jaar en dan met de eisen die mevrouw stelt, zei hij. Alles zwart-op-wit, maar wel zwart in het handje van mevrouw. De provisie wordt apart door meneer betaald, en daar heb ik dus niks mee te malen. Ook zwart in het handje, maar dan van de louche makelaar.

Bingo! En nou heb ik dus een bom duiten en ik hoef er geen ene moer voor te doen! Ik had zelfs meer kunnen eisen, dertigduizend gulden zelfs, maar dan had hij ook eens in de week in mijn bed naast me mogen liggen. Boven op me, bedoelt hij. Ja, dag, daar begin ik niet aan. Dus nu is het wel zo dat ik nog een plek zoek voor die twee jaar om te slapen. Waar hij dus niks van af weet. Dus die kamer achter het kantoortje met dat bed van jou komt uit de hemel vallen! Dan krijg jij dat karretje van mij omdat ik daar kan slapen. Goeie ruil.'

'O Pris, ik wil ook trouwen met een Turk en dan op dezelfde voorwaarden als van jou, niet mijn bed in dus! Kan jij dat niet voor mij regelen? Wij zijn toch echte vriendinnen, hè?'

'Ja, wat wil je nou, moet ik nu eerst dat karretje regelen of eerst die Turk?' riep Priscilla geïrriteerd.

'Doe maar eerst dat karretje dan, het regent weer de hele dag. Het is hier altijd pokkenweer.'

'Oké, en dan daarna die Turk. Daar moet je inderdaad mee opschieten, want die makelaar zei dat er gauw een einde kwam aan zijn handel, want de gemeente had al wat in de smiezen. Ze waren al bruidsparen aan het screenen, dat is een soort ondervragen of ze wel echt van elkaar hielden en zo. Ze moesten vertellen waar ze elkaar voor het eerst ontmoet hadden. Stond in *De Telegraaf*. Liefde op het eerste gezicht pikken ze niet. Ze moesten al met getuigen komen, "die het proces hadden zien groeien". Straks valt er iemand door de mand en dan gaan die akkevietjes niet meer door.'

'Nou, doe me dan toch eerst die Turk maar en dan daarna dat karretje.'

'Nee, hállo, ik blijf niet boompie verwisselen, je bent werkelijk geen steek veranderd, IK DOE MORGEN EERST DAT KARRETJE, zodat ik ook morgen al in jouw IKEA-bed kan slapen.'

'Goedgoedgoed. Enne... Pris... komt die Turk uit het Rifgebergte?'

‘Doe niet zo stom, het lijkt wel of jíj uit het Rifgebergte komt,’ zei Pris, ‘het Rifgebergte ligt niet in Turkije, dat ligt in Australië.’

‘Nee, niet in Australië. Wach effe. Bel ik Yvon op, vraag ik waar het Rifgebergte ligt en vertel ik gelijk dat ik ga trouwen.’

29

Priscilla hield woord. Ze kwam ’s avonds bij Truus aan in een rood ‘karretje’. De meiden stonden allemaal voor het raam. Met die kar kon ze lekker op de stoep parkeren omdat ze zwaar invalide was, getuige het papier dat binnen voor haar ruit lag: GELIEVE NIET MET FIETSEN OP DE STOEP MIJN DOORGANG TE VERSPERREN WANT DE EIGENAAR BINT SJWAAR INVALIDEN EN MAG OP DE STOEP PARKEREN.

‘Dat is toch fout,’ zei Gem, wijzend op de tekst.

‘Wat moet er dan staan?’

‘De eigenaar bént zwaar invaliden.’

‘Nou, dat is toch hetzelfde.’

‘Nee, dat is niet hetzelfde, bint is niet bent, dat heb ik allemaal van mijn derde pleegvader geleerd en het is zwaar en niet sjwaar en er kan maar één invalide in dat karretje, dus is het invalide en niet invaliden.’

‘Maar het betekent hetzelfde, dus is het hetzelfde. En nou óp-hóu-én,’ schreeuwde Priscilla.

‘Nou zeg. Jíj bent geen steek veranderd, als je je zin niet krijgt ga je direct schreeuwen. Dat huwelijk heeft jou geen goed gedaan. Moet ik met zo iemand nou in één bed slapen?’

'Mág ik effe schreeuwen? Weet je wel wat zo'n karretje kost? Duizend gulden. Heb ik voor jou neergelegd. Duizend gulden! Van m'n twintigduizend gulden trouwgeld. Hou ik nog maar achttienduizend gulden over. Heb ik voor jou over. Omdat je mijn vriendin bint... bent...' liet ze erop volgen.

'Negentienduizend gulden bedoel je, je kan ook al niet rekenen,' zei Gem. 'Twintig min één is negentien.'

'O...' Priscilla stond een beetje beteuterd voor zich uit te kijken. 'Dan ben ik ook nog belazerd. Ik heb nog maar achttien over, waar is die duizend gulden dan gebleven, die ben ik dan kwijt.'

'Ja, dat weet ik niet, maar ik vind het wel hartstikke lief van je, Pris, dat je dat karretje voor me hebt gekocht, echt waar, echt mijn vriendin ben je. En daarom mag jij dus in mijn grote IKEA-bed slapen, met springveren matras en donzen dekbed.'

'Ja, dat heb je beloofd. En die Sevda, die nou dat kantoortje doet, die gaat geen stennis maken als ik bij jou in die kamer kom slapen?'

'Nee, Sevda is mijn vriendin en ze gaat er niet eens over. Zus gaat erover en tegen haar zeg ik gewoon dat ze d'r snavel moet houden.'

'O, nou ja, twee jaar dus, hè, niet vergeten hoor, twee jaar...'

'Nee, dat vergeet ik niet, twee jaar. En jij gaat een Turk voor mij zoeken, hè? Morgen, hè? Want het heeft haast, want ze vertrouwen het niet meer, dat zei jij toch?'

'Ja-ha,' zei Priscilla. Ze begon nu toch echt ongeduldig te worden.

'Dan ga jij naar die makelaar, hè, morgen dus. Zelfde voorwaarden dus als van jou, hè?'

'Ja-ha...'

'Hij komt dus niet in mijn bed en ook niet op de deur bonzen, want hij weet dus niet waar het kantoortje is, en ook niet dat ik ook bij Truus woon. Dus daar ook niet bonzen. Trouwens, daar mogen geen mannen komen.'

'Ja-haha... zeg ik toch.'

Na een korte pauze en een beetje rondkijken zei Gem ineens: 'En wat doen we dan met zoveel geld?'

Ze keken elkaar aan.

'Wat we doen?' zei Priscilla.

'Ja, wat doen we dan?'

Priscilla haalde haar schouders op. 'Op vakantie gaan. We kunnen op vakantie gaan. Ben jij weleens op vakantie geweest? Met een vliegtuig? Nou, ik niet.'

'Nee, ik ook niet,' zei Gem. 'Já, we gaan op vakantie! Dát doen we! Op vakantie! En waar stoppen we dat geld?'

'Gewoon, in je tasje. Je hebt toch wel een tasje?'

'O ja. En waar gaan we naartoe?'

'We zouden naar Suriname kunnen gaan. Mijn Oma Vanilla woont daar, in Paramaribo, zij is de moeder van mijn vader. Die vindt het hartstikke leuk als ik kom. Ze heeft het al zo vaak gevraagd.'

'Maar als ík kom, vindt ze dat ook leuk?'

'Ja, jij bent toch mijn vriendin? En ze heeft altijd mensen om zich heen. Zegt mijn vader. Ze is een echte Creoolse, die lachen altijd en zijn erg hartelijk.'

'O ja? Maar eerst snel die Turk zoeken voor mij, mórgen!'

'Ja-ha, rústig, rustig, ik kan niet heksen. Jij met je "morgen."'

30

Priscilla ging de volgende dag meteen achter de louche makelaar aan. Hij raadpleegde met een ernstig gezicht zijn boekje.

'Twintigduizend gulden? Nou, dat is allang een stuk minder geworden, want er zijn nou meiden zat die willen trouwen. En dan... als ik nog een Turk voor je kan vinden tenminste. Ze willen geen zwartjes meer, ze willen gewoon wit, maar Duits mag ook, in Duitsland geldt hetzelfde als hier. Heb je geen Duits meissie?'

Priscilla blies meteen hoog van de toren. Want wat was er mis met zwart? En zij was trouwens maar half zwart, want haar moeder was wit. Lazer maar op, jij, ik vind wel een andere makelaar. Makelaars zat. Het ging ook nog om een helemaal witte vriendin, en Priscilla moest als tussenpersoon ook haar provisie hebben. Ze wilde schoon in het handje tweeëntwintigduizend vijfhonderd gulden trouwgeld hebben. Voor haar vijfentwintighonderd gulden, voor alle soesa en risico, en graag of niet. En een Duits meissie, daar begon ze niet aan, want daar zat de oorlog nog aan gekleefd. Dus graag of niet.

De louche makelaar was al een paar keer weggelopen en met veel bombarie teruggekeerd, zoals dat hoort bij een handjeklapkoop. En na het laatste rot-dan-maar-op van Priscilla kwam hij weer terug, briesend, aan zijn snor trekkend en met sussende gebaren. 'Oké, oké, oké,' zei hij, 'omdat jij ouwe klant bent. Morgen, zelfde tijd, zelfde plaats, ik kom met Turk, meneer Gür. Jij mag zien en keuren. Als jij goedvindt, dan spreken wij af welke dag alles geregeld wordt, en wanneer meneer Gür meissie mag keuren, want hij wil één met dikke kont, zoals jij.'

Priscilla spatte bijna uit elkaar. 'Meissie niet zwart, meissie geen dikke kont, meissie wordt niet gekeurd, is belediging. Eerst geld en contract, dan meissie trouwen, meissie mevrouw Gür, en meissie meneer Gür daarna nooit meer zien. Meneer Gür oprotten. Jij ook oprotten.'

'Oké, oké, oké.' De makelaar kromp in elkaar. 'Morgen zelfde tijd, zelfde plaats. Ik kom met meneer Gür.'

'En met het geld,' zei Priscilla. 'Tweeëntwintigduizend vijfhonderd gulden.'

'En met het geld.' Hij rolde daarbij met zijn ogen, want hij wist niet meer zeker of hij dat laatste wel had afgesproken.

Het ging niet zo makkelijk als de vorige keer met Priscilla's huwelijk. De huwelijkskandidaat, meneer Aslan, speelde toen nauwelijks een rol. Ze hadden ergens op een hoek van een straat afgesproken. Terwijl Priscilla en de makelaar onderhandelden, stond meneer Aslan op een paar passen afstand toe te kijken met een bosje bloemen in zijn hand. Hij snoof doorlopend, op van de zenuwen, terwijl het geld voor de ogen van Priscilla werd geteld en haar ter hand werd gesteld. Priscilla had er een klus aan om al die honderdjes in haar veel te krappe handtasje te proppen. Ze was niet in staat om haar aanstaande echtgenoot enige aandacht te schenken en wilde het liefst zo snel mogelijk met haar buit vertrekken. Maar o ja, wanneer was de trouwdatum ook weer? En ze kwam wel zelf naar het stadhuis. Het nieuwe stadhuis. Onderaan de trap verzamelen. Ze moest nog wel een getuige opgeven en als ze die niet had, dan kon de makelaar er wel voor zorgen. Service. En o ja, meneer Aslan vraagt of hij wel een huwelijksnacht mocht hebben. Eén nacht maar. In een hotel. Meneer Aslan betaalt. Service. Priscilla schold meteen de hele straat bij elkaar, en de makelaar begon sussend om haar heen te springen. 'Oké, oké, dan niet, het was maar een vraag.'

Ze spraken nog een keer af. Volgende week, zelfde tijd, zelfde plaats, paspoort, geboortebewijs meenemen. Priscilla kreeg dan een briefje mee waarop stond waar ze aan moest denken voor de trouwerij. Een beetje een leuk jurkje, kon dat? Misschien met een hoed? Meneer Aslan zorgde voor gepoetste schoenen en een trouwpak. En voor een bruidsboeket, het moest natuurlijk zo echt mogelijk lijken. Ja, ja, ja, Priscilla zou voor alles zorgen, je trouwde maar eens, nietwaar? Priscilla vertrok met een knikje naar meneer Aslan, en meneer Aslan knikte terug, en zijn bosje bloemen ging met de makelaar mee.

31

Zo gesmeerd liep het dus niet met het huwelijk van Gem en meneer Gür. Gem was niet nodig in het zaakje. Gem werd vertegenwoordigd door haar agent Priscilla. Die stak meteen haar vijfentwintighonderd gulden risico-soesa in haar tasje. Tasje dicht. Zo, dat was binnen. Ze overhandigde diverse fotokopieën aan de makelaar, plus het paspoort van Gem – dat ze weer terug moest hebben, alleen even bladeren – nog een fotootje van Gem, dan wist meneer Gür dat hij geen kat in de zak gekocht had. De makelaar begon meteen te fluiten. Olala... Meneer Gür zelf was nergens te bekennen en vertoonde zich tijdens het hele gesprek niet. De datum van de trouwerij werd afgesproken, de mogelijke ondervragingen door de overheid werden doorgenomen, met de mogelijke antwoorden die Gem zou moeten geven. Van het trouwgeld kreeg Priscilla, na ondertekening van een vodje papier, slechts vijfduizend gulden in handen. De honderdjes werden weer in haar tasje gepropt. Het overige geld zou Priscilla meteen na de trouwerij ontvangen. Priscilla zou de getuige van Gem zijn en daarvoor van de makelaar een redelijke vergoeding krijgen.

'Hoeveel?' vroeg ze.

'Vijfhonderd gulden.'

'Veel te weinig,' zei ze. 'Jurkje, schoenen, bontje, geurtje, moet naar de kapper en de schoonheidsspecialiste, nagelstudio. Het is een huwelijk. Je trouwt maar eens.'

'Duizend.'

'Nee, nog iets meer.'

'Twaalfhonderd.' Hij maakte met z'n hand een klapgebaar.

'Oké, lekker,' zei ze. 'En hij doet wel een geurtje op, hij stinkt toch niet?'

De makelaar noteerde in zijn boekje: *Doet geurtje op*.

'En geen service-huwelijksnacht in een hotel.'

'Nee, nee, geen huwelijksnacht in een hotel.'

32

'Hoe schrijf je "Gür?"' vroeg Gem.

'Ik denk gewoon "Kuur", niks bijzonders. En hij is niet van adel ook, dus geen Baron Kuur. Tegenvaller, was jij Barones Kuur geweest. Hahaha.'

'En als we een visum gaan aanvragen voor Suriname, welke naam moet ik dan opgeven?'

'Gewoon, mevrouw Kuur streepje Victoria en ik mevrouw Aslan streepje Vanilla.'

Priscilla had gidsen aangevraagd bij touroperators die reizen naar Suriname verzorgden. De dames besloten om te kiezen voor standplaats Paramaribo, waar oma Vanilla pompoenen en watermeloenen kweekte op haar erf. Het beste was om te beginnen met een weekje logeren bij oma Vanilla. Priscilla had haar voor het laatst gezien toen oma acht jaar geleden een maandje haar zonen opzocht in Nederland. Oma Vanilla had toen de hele tijd alleen maar over pompoenen en watermeloenen gepraat, tot grote ergernis van de hele familie, en verder was ze de hele dag bezig haar kinderen en kleinkinderen over te halen om haar pompoenen en watermeloenen, die ze beschreef als waren het schilderijen van Van Gogh, te bekijken. Ze vertelde vol trots dat ze in de hele omgeving van Paramaribo bekendstond als de vrouw van de pompoenen en watermeloenen, die zelfs per vliegtuig naar Nederland werden verstuurd. Maar daar was helaas ineens een verbod op gekomen. Een paar drugscriminelen hadden haar lievelingen volgestopt met cocaïnebolletjes. Dat hadden ze heel secuur gedaan. Met een chirurgisch mesje werd een winkelhaakje gemaakt in oma's kunstwerken en de bolletjes werden daar voorzichtig doorheen geduwd. En daarna werd die winkelhaak weer voorzichtig door dat tuig dichtgemaakt natuurlijk. Oma had er niets van gemerkt. Zo op het oog was er ook niets te zien. In die tijd werd er niet doorgelicht op het vliegveld, maar ja, een slimme marechaussee vond het toch vreemd dat er steeds op dezelfde plek, vlak bij het steeltje, oneffenheden waren. Hij liet alles onderzoeken, er werden een paar pompoenen doorgesneden en ja hoor, daar kwamen de bolletjes tevoorschijn...

Oma Vanilla kweekte haar geliefde pompoenen en watermeloenen nu alleen nog maar voor de markt in Paramaribo. En daarom wilde oma zo graag Priscilla en Gem meenemen naar die gezellige markt. Ze konden ook een fiets huren om de historische binnenstad te bekijken. En een tocht door de jungle maken. Het allerbeste was om in Paramaribo bij een reisbureau zo'n rondreis door de jungle te bespreken. Eerst een klein uurtje vliegen en dan in een boot met een gids het Amazoneregenwoud in. Misschien ging oma wel met ze mee!

O, die oma was toch zo'n leuk mens. Als Gem haar ogen sloot en aan oma Vanilla dacht, zag ze een dikke oma voor zich, met kroeshaar, net als Priscilla, en met een heel grote lachende mond met sterke tanden, dikke lippen en een onderkin en met altijd iets zoetigs wat ze in haar mond stak. En met een pompoen en een watermeloen op schoot, zoals in Holland de oma's met een poes op schoot zaten. Oma Vanilla was de oma die Gem nooit gehad had, ze zou haar het liefst willen aaien.

33

Oma Vanilla zag er precies uit zoals Gem zich had voorgesteld. Ze stond op vliegveld Zanderij, samen met een aantal mensen die elkaar duidelijk goed kenden, bij een dranghek te zwaaien en te roepen naar Priscilla en Gem. Toen de meisjes met hun koffers dichterbij kwamen, steeg er een gejuich op en drong de hele meute het hek omver. Ze stormden op hen af, grepen hun koffers, en duwden hen in de richting van een bus die kennelijk op hen wachtte. Voor Gem was dit een angstaanjagende ervaring, ze pakte de hand van haar vriendin vast en drukte zich tegen haar aan, maar Priscilla kon erom lachen, zij was wel gewend aan dit uitbundige gedrag.

Gem werd meegesleurd en verdween eerst onder een oksel van oma, rolde daarna vanzelf door naar de vele andere oksels, of wijde mouwen, of andere kledingstukken om ten slotte in de zoet ruikende hals van oma te belanden, waar ze voorlopig niet van kon loskomen, want oma was gewend om iedereen in de houdgreep tegen haar omvangrijke boezem te klemmen. Intussen was de rest van het gezelschap begonnen met een soort polonaise, een combinatie van hossen en zingen met de handen op elkaars schouders. Het woord 'welkom' was regelmatig te horen. 'Welkom, welkom, lieve kinderen, welkom, welkom, jullie zijn weer bij ons thuis. Welkom, welkom, lieve zusters, welkom, welkom, jullie zijn weer bij ons thuis...' Een katoenen doek werd uitgerold en omhooggehouden. De tekst van het lied stond erop geschreven. Een grote foto van Priscilla – ongeveer acht jaar oud, waarschijnlijk de enige foto die oma van haar had – was op het doek geplakt. Daarnaast de foto van een meisje dat voor Gem moest doorgaan, maar dat meteen herkend werd als Shirley Temple in haar jonge jaren. De stoet groepeerde zich achter het doek en liep naar de bus, ritmisch scanderend: 'Priscilla en Gem, Priscilla en Gem... Welkom, welkom, Priscilla en Gem.' De chauffeur van de bus probeerde een beetje orde in de chaos te scheppen. Zo nu en dan kon hij iemand beetpakken en de bus in zwiepen. Dat ging niet zonder tegensputteren, maar nadat hij de hoofdpersonen te grazen had genomen, meldde de rest zich vrijwillig. In de bus ging het zingen gewoon door.

Oma Vanilla zat voorin, ze besloeg met haar lichaam de gehele tweezitsbank. Achter haar zat Priscilla met naast haar Gem, die zich nog steeds aan haar vastklampte. Ineens stond in het gangpad een man met een microfoon, kennelijk de leider van de groep, die tot driemaal toe – en steeds harder – om stilte vroeg. Dat werd doorgegeven van voor naar achter: 'Stilte, stilte asseblief, mon dicht!' Pas toen oma Vanilla zich van haar bank verhief en met veel geruis haar kleding om zich heen drapeerde, zweeg men respectvol.

'Jullie kennen mijn schoonzoon Danny. Hij is getrouwd met mijn oudste dochter Fresia. Hij is vandaag even de baas in plaats van mij. Als hij zeg "Stil", is het stil. Dan wil hij wat zegge. Ik heb ook wat te zegge. Ik ben zo blij dat mijn kleindochter Prisje met haar vriendin Gemmetje Victoria bij mij is gekomen om mijn beroemde pompoenen en watermeloenen te bewonderen. Ik ben trots op haar. Zij verdient veel geld in Holland. Zij is huwelijksmakelaar. Als jij wil trouwen met een rijke vent in Holland, en jij bent willig, zij regelt voor jou. Met pensioen, met auto, met cruise, met alles voor een goed leven voor jou, zodat jij altijd krijg WW en WAO. Omgekeerd kan natuurlijk ook. Als jij wil een rijke vrouw en jij hebt een goede seksuele potentie te bieden, zij kan ook zorgen voor goed huwelijk en goede verzorging. Zij heeft van niemand vreemd, want zij is al net zo beroemd in Holland als huwelijksmakelaar als haar oma met haar pompoenen en watermeloenen in Paramaribo. Als Pris en Gemmetje niet weten wie al die mensen hier zijn, die speciaal voor jullie zijn gekomen, zij zijn familie en buren en zakenvrienden die pompoenen en watermeloenen van oma kopen of op de markt staan. Zij blijven vanavond allemaal eten bij oma. Wij vieren fees met barbecue. Er is gedekt op het erf. Gemmetje Victoria is wel blond, maar haar haren zijn toch kroes, als je goed kijkt. En ze heeft ook een Surinaamse naam, Victoria. Zoals je weet, in Suriname komt het veel voor dat de achternaam een meisjesnaam is. Mannen hebben veel vrouwen en ze zorgen niet voor de kinderen die ze kregen met hun vorige vrouwen. Te lastig, ach. Dat moeten die moeders zelf doen en die geven hun kind dan hun eigen voornaam als achternaam. Daarom heet Gemmetje dus Gemmetje Victoria. Ik heb geseg. Ik dank u wel. Ik geef het woord nu terug aan mijn schoonzoon Danny. Hiep, hiep hoera voor Danny!'

Er steeg weer een gejoel op en oma Vanilla ging zitten en drapeerde haar jurk weer zorgvuldig om zich heen.

Danny deed moeite om boven de herrie uit te komen en dat lukte hem uiteindelijk. 'Nou,' zei hij en hij keek zuur. 'Oma Vanilla heeft alles al gezegd wat ze aan mij geseg heeft dat ik zou moeten zeggen, dus ik heb niks meer te zeggen, alleen dat iedereen is uitgenodigd om te blijven eten. Er is gedekt op het erf. Wij vieren vanavond fees met barbecue. De reis van hier naar huis duurt ongeveer vijfenveertig minuten, maar dat weten jullie al, want de heenreis duurde ook vijfenveertig minuten. Goeie reis.'

Danny ging zitten. Er steeg weer een gejoel op, dat eindigde in 'Danny, Danny, Danny, Danny'. Oma Vanilla stak haar hand met beringde vingers omhoog, waarna het gezelschap pardoes kalmeerde.

34

Tijdens de luidruchtige barbecue nam Danny weer de microfoon in zijn hand. Hij riep eerst een aantal keren: 'Test, test, test...' Dat klonk heel professioneel. Er waren gasten die nieuwsgierig opkeken en zwegen, hoewel dat laatste ook kon zijn omdat ze een groot stuk vlees moesten wegkauwen. Weer anderen riepen: 'Hij wil wat zeggen. Luisteren!' Maar omdat hij alleen maar 'Test, test, test...' bleef roepen, kwam oma Vanilla overeind. Haar hand met beringde vingers ging weer zwaaiend omhoog en iedereen werd stil en keek in haar richting.

'Jullie zijn van harte welkom bij deze feestelijke barbecue ter ere van mijn geliefde, beroemde kleindochter Prisje en haar vriendin Gemmetje die wij straks gaan toezingen. Maar eerst doen wij een welkomstdronk. Op de drankentafel staan voor jullie alle heerlijke drankjes klaar. De gastvrouwen zullen ze inschenken. Wij hebben natuurlijk Bacardi, onze voortreffelijke rum, maar ook puur rum die jullie mogen mengen met onze softdrinks, zoals Fernandes' softdrinks, zoals Cherry Bouquet, en Green Punch, Super Pineapple, zelfgemaakt gemberbier, zuurzakcocktail en onze beroemde sjoeroe, onze kruidendrank van hibiscusbladeren, met rum natuurlijk, héérlijk... en niet te vergeten ons eigen Parbobier! En voor de liefhebber whisky! En naast de drankentafel vinden jullie het verrukkelijke eten: ossenhaas met cassave en kousenband. Mijn dochter Fresia heeft de meeste gerechten zelf gemaakt, jullie weten dat zij een eersteklas kokkin is! Hulde voor Fresia!' Oma Vanilla klapte hard in haar handen en het gezelschap deed met haar mee. Hier en daar werd luid geroepen: 'Hulde voor de kokkin! Hulde, hulde!' Oma Vanilla trok haar dochter overeind en liet haar buigen. 'Mijn schoonzoon Danny en mijn dochter Fresia zullen als eersten hun bord pakken en volscheppen. Nogmaals applaus voor Fresia.'

Fresia liep naar voren en hervatte het buigen. Het leek wel of ze er geen genoeg van kon krijgen. Danny voelde zich gepasseerd. Hij riep zacht: 'Die ossenhaas met cassave en kousenband heb ík gemaakt,' en hij smeet de microfoon op een stoel. Niemand hoorde hem en hij slofte achter zijn vrouw aan naar de drankentafel.

'Muziek! Allemaal dansie-dansie!' riep oma Vanilla en ze draaide uitdagend rondjes met haar hoofd, heupen en handen op de zwoele Surinaamse klanken.

35

Hoe Gem en Priscilla die avond in bed terecht zijn gekomen, konden ze de volgende dag niet meer navertellen. Waarschijnlijk had Fresia ze een handje geholpen, misschien ook Danny. Ze moesten een vrij steile trap op geduwd worden naar een kamer waarin een groot hemelbed stond. Op de trap had Gem nog een paar keer overgegeven. Priscilla niet één keer, haar maag was gewend aan grote hoeveelheden rum. Laat in de middag werden ze wakker. Geroezemoes en gelach steeg door het trapgat omhoog. Het feest was weliswaar voorbij, maar er waren gasten die bleven slapen, op matrassen die overal vandaan waren gesleept.

'Ik heb een kater,' zei Priscilla, 'ik blijf vandaag in bed.'

'Ik heb denk ik ook een kater,' zei Gem. Ze wilde omhoogkomen, maar werd meteen misselijk en liet zich achterover in de kussens vallen. 'Hoofdpijn... Ik heb een kater... Ziek ben ik.'

'Ik ga dood,' zei Priscilla.

'Ik ga ook dood,' zei Gem. Ze zocht met haar hand om zich heen. Bevoelde het laken dat over haar heen lag. 'Er ligt al een laken over me heen, dat doen ze met dooien in het lijkenhuisje, en dan hangen ze een kaartje met je naam om je blote grote teen.' Plotseling tilde ze haar hoofd iets omhoog en zocht ze onrustig tastend het laken af. 'Heb ik mijn tas nog? Mijn tas... met al mijn geld... m'n trouwgeldhonderdjes. Waar is mijn tas? Mijn tas is toch niet gejat?'

'Jezus, ik heb je nog zo gezegd dat je je tas onder je hoofdkussen moet stoppen als je naar bed gaat. Of aan je pols moet binden. Je bent me een sukkel ook.' Priscilla ging zitten en zocht met haar ogen het bed en de omgeving af. 'Híér ligt je tas, op de grond gevallen, alsjeblieft, en bij je houden.'

Gem ging ook zitten, zo misselijk als ze was, het laken tegen haar mond drukkend om spugen te voorkomen, ze zocht met één hand in haar tas, keerde ten slotte de tas om en schudde de inhoud tussen haar benen op het bed. 'Tel jij of het er nog allemaal in zit, alsjeblieft Pris, tel jij even?' Ze liet zich met haar ogen dicht weer achterover in de kussens vallen en brabbelde voor zich uit tegen Priscilla: 'Jij hebt je tas toch ook niet aan je pols vastgebonden, of onder je ho-o-o-ooh...' Ze boerde een paar maal hardgrondig.

'Gatverdamme, viezerik.' Priscilla sprong uit bed, liep regelrecht naar de wastafel en boog haar hoofd voorover in de bak. Ze zette de kraan open en gooide – al kotsend en kreunend – handen vol koud water eerst over haar nek en daarna over haar gezicht. De weinige kleren die ze aanhad trok ze van zich af. Ze keek om zich heen, zag de badkamerdeur openstaan en verdween onder de douche. Kreten van opluchting en ontspanning volgden. Het koude water maakte haar weer een mens, en zich afdrogend strompelde ze naar Gem toe, die nog met haar trouwgeld – of wat daarvan over was – tussen haar benen zat.

'Jij,' zei Priscilla, 'kots het uit. En niet op je geld, idioot, dáár, neem een kouwe douche, net als ik.'

36

Mijn telefoon was al een paar keer gegaan 's nachts. Dat gebeurde wel meer als de een of andere verslaafde die niet wist of het dag of nacht was in een telefoonboek mijn nummer had gevonden. Mijn zogenaamde geheime nummer stond nog steeds vermeld. Ik had de telefoon niet opgenomen.

Tegen de avond werd er weer gebeld. Wonderbaarlijk genoeg wist ik meteen dat dat Gem zou zijn. Gem, die met een knalrode rolkoffer en haar trouwgeldhonderdjes in haar tas gepropt, samen met Priscilla – met een zilveren rolkoffer en ook met een tas vol trouwgeldhonderdjes – door mij met hartkloppingen een dag of tien geleden op Schiphol was afgezet. Ik wist niet hoe snel ik daarna naar huis moest rijden, zo bang was ik dat ik onderweg zou worden aangehouden en alsnog als bendeleider ontmaskerd zou worden.

'Wat gebeurt...' hoorde ik Gem roepen.

'Heb je een leuke week gehad?' vroeg ik. 'Heb je de pompoenen en watermeloenen van oma Vanilla al bewonderd?'

'Doe niet zo stom,' zei ze, 'luister... wat gebeurt... Luister je?'

'Ja, ja...'

'Ik ben m'n geld kwijt.'

'Wát?'

'M'n geld... kwijt... je hoort me toch, mijn trouwgeldhonderdjes. In het water gevallen, m'n tas is in het water gevallen op die jungletocht. Danny heeft nog gedoken en die gids van ons ook, maar m'n tas ging eerst regelrecht naar de bodem, borrelde weer omhoog en ging toen met de stroom mee, want er staat daar een sterke stroom met kolken, hartstikke gevaarlijk is het daar, en ineens zagen we mijn tas tegen een struik aan, was hij aan blijven hangen, en Pris ging staan in de boot, en wijzen en ze schreeuwde: "Die tas is nog dicht, dus het geld zit erin, dáárzo, dáárzo." Door het wijzen en zwaaien wankelde die boot en zij ook, ze viel bijna in het water en ze kan niet zwemmen, dus ik trok haar aan haar benen weer naar beneden, zodat ze boven op me viel. Danny en de gids ernaartoe zwemmen, en wij alleen in die boot, die steeds sneller rondjes ging draaien, ik dacht dat ik dood ging, maar die tas raakte weer los en ging z'n eigen weg, weer met de stroom mee, en toen zagen we hem niet meer terug. En Pris gillen en roepen dat al mijn geld erin zat en mijn ticket en mijn paspoort en dat mijn huwelijk eraan was en dat ik haar hele vakantie verpest had... Waarom zeg je niks?'

Ja, waarom zei ik niks? Ik kneep in de hoorn en zei eindelijk wat. Het verkeerde. Natuurlijk het verkeerde. Wat ik tegen mijn kinderen zei als ze de boel in het honderd hadden laten lopen. 'Waarom heb je in godsnaam niet naar me geluisterd? Ik zei je toch dat je niet al je trouwgeldhonderdjes mee moest nemen, alleen maar wat je nodig had, en dat je de rest van je geld aan mij moest geven en dat ik het voor je zou bewaren in mijn kluis. Wie gaat er nou met twintigduizend gulden in een kniptasje op vakantie en wíé in vredesnaam is die Danny nou weer?'

'Godverdegodverdegodverde...' Ze knalde de hoorn op de haak.

Tien minuten later ging de telefoon weer. Ik nam meteen op.

'Godverdegodverdegodver... Danny is familie van oma Vanilla, een schoonzoon, getrouwd met haar dochter Fresia en dus betrouwbaar, maar dat doet er toch niet toe. Aan jou heb ik ook niks.'

'Toch wel,' zei ik. 'Ga aangifte doen bij de politie wegens verlies van je paspoort en ticket. Vraag of ze je aangifte faxen naar de politie in Nederland en naar mij. Ik zal voor je hier naar de politie gaan en vragen wat je moet doen om zo snel mogelijk een nieuw paspoort te krijgen. Ik zal er voor jou achterheen gaan en ook zorgen voor een nieuw ticket. En dan zo snel mogelijk naar huis komen, jij. Dat geld ben je kwijt. Ook als je tas gevonden wordt, ben je je geld kwijt. Dat gaan ze je niet teruggeven.'

Ik was de brenger van het slechte nieuws en kon de wind van voren krijgen. Ik hield de hoorn een flink eind van me af en pas toen ik haar niet meer hoorde razen en tieren, gaf ik haar nogmaals de opdracht om haar geld te vergeten en het verlies van haar paspoort en ticket bij de politie aan te geven. Ik was zo verstandig om daarna meteen de hoorn neer te leggen.

37

Gelukkig heeft een mens 'mannetjes' en 'vriendjes'.

Tot nu toe werd mijn leven in goede banen geleid door mannetjes. Mijn vriendinnen hadden altijd mannetjes, die mij bij hoge nood konden helpen. Voor een gesprongen waterleiding stuurde een vriendin me meteen de hare. Zijn telefoonnummer draag ik sindsdien op mijn hart, en hij heeft me al diverse malen uit de brand geholpen. Tot 's nachts toe, toen een zonnescherm door stormkracht tien met raamkozijn en al naar beneden kletterde. En de buitendeur die niet meer dicht kon werd ook 's nachts door het mannetje van een andere vriendin van een nieuw slot voorzien. Het is mij bijgebracht dat ik de mannetjes royaal mocht belonen met een paar flappen, maar dat de vriendjes alles belangeloos deden. Ze zouden zich beledigd voelen als ik ze een flap in handen zou drukken. De vriendjes resideerden een etage hoger dan ik. Ik kreeg ze nooit te zien. Ze werden 'ingezet' buiten mijn gezichtsveld. Dat gebeurde via via. Het heeft me drie dagen gekost om deze onzichtbare maar zeer belangrijke vriendjes, die de wegen kenden om Gems verloren documenten zo snel mogelijk te vervangen, in te schakelen. En het duurde nog eens drie dagen voor weer een volgend vriendje van een vriendje zich bereid verklaarde het paspoort en het ticket mee te geven aan een purser van de KLM. Deze had in Paramaribo ook weer een vriendje, een zekere Ritchy, die op de een of andere manier alles persoonlijk in handen kon geven van Danny, het betrouwbare familielid van oma Vanilla, die voor mij langzaam uitgroeide tot 'onze man in Paramaribo'.

Dat de missie geslaagd was hoorde ik niet van Gem, maar via de vriendje-vriendje-weg-terug-lijn. Behoorlijk irritant vond ik dat, en ik nam me voor om de dames in Suriname in hun eigen vet gaar te laten smoren.

Intussen waren ze alweer drie weken daar. Ik hoorde niets van hen. Natuurlijk dacht ik dagelijks aan hen. Als ik thuiskwam liep ik meteen naar mijn telefoon. Had Gem soms een boodschap ingesproken? Hadden mijn huisgenoten misschien...? Als ik de telefoon hoorde rinkelen, wist ik niet hoe snel ik moest opnemen. Maar nee, geen Gem. Jezus, Gem, doe me een lol!

De ingeschakelde via via's belden wel gretig op. 'En...?' wilden ze weten. 'Wat was er nou eigenlijk precies gebeurd, daar in Suriname? En was het goed afgelopen allemaal?' Ja, wist ik veel? Maar dat kon ik niet zeggen. Met een simpel 'ja' kwam ik er natuurlijk ook niet. Ik was wel verplicht om tegemoet te komen aan hun gevoel voor sensatie en verzon diverse bijna-drama's die ik zo zou kunnen gebruiken als plot voor een literaire thriller. De ene keer liet ik Gem bijna verdrinken. De andere keer werd Priscilla door de stroom meegesleurd. Soms gebeurde dat met allebei, en ook een keer tezamen met 'onze man in Paramaribo', die zich als held had gedragen en zich tussen de krokodillen had gestort om de meisjes te redden. Mijn jongste dochter, die mijn telefoongesprekken besmuikt lachend en hoofdschuddend aanhoorde, riep eens: 'Jezus, mam, nou moet je toch echt ophouden. Er zijn daar niet eens krokodillen!'

38

Veel later heeft Gem mij verteld dat zij en Priscilla mij bewust niet meer van informatie voorzagen. Ik zou alleen last kunnen veroorzaken en hun plannetjes kunnen tegenhouden. Want dat er iets moest gebeuren was de dames duidelijk geworden. Niet alleen het geld van Gem was weg. Ook Priscilla constateerde op een morgen dat uit haar tas het een en ander was weggesluisd. Natuurlijk gaf ze eerst Gem de schuld, zíj had haar geld gestolen omdat ze zelf geen rooie cent meer had. Gem hield toen een bijna algebraïsche redevoering waarin ze uiteenzette dat zij genoeg geld geleend had van Pris, dagelijks zo'n honderd gulden, dus dat was al ruim duizend gulden bij elkaar. Dat ze dus niet hoefde te stelen. En dat ze bovendien niks kon stelen, want Pris sliep op haar geld of ze bond haar tas met haar armband om haar pols. En zo kwam ineens Danny als verdachte naar boven. Ja, Danny had het gedaan. Had Pris niet een keer geslapen bij Fresia en Danny toen de dames na te veel rum een knetterende herrie met elkaar kregen? Toen hadden Danny en Fresia Pris toch meegenomen naar huis? Had ze toch haar tas bij zich met haar trouwgeldhonderdjes? Nou dan... Dat was op Moederdag, de tweede zondag in mei, die in Paramaribo altijd uitbundig gevierd werd. Overjarige – en veelal te dikke – zonen klommen op kistjes die op de hoek van de straat stonden en zongen moederliederen om hun geliefde mamma, die zo lekker kookte, te eren. Danny deed daar ook ieder jaar aan mee. Voor zover het bekende liedjes waren, werden ze door het te hoop gelopen publiek meegezongen. Dat was echt Surinaams, dat mochten ze niet missen, had Danny gezegd. Dus gingen ze met Danny mee. Toeristen mochten ook een liedje zingen. Of Gem niet een moederliedje had? vroeg Danny.

Maar Gem kende alleen 'De kleine kannibaal', dat was wel een moederliedje, maar had maar één regeltje dat steeds een octaaf hoger gezongen moest worden, totdat het vals ging klinken, dan hield je op met zingen. Gem klom op het kistje en begon met een mooi, zacht en zuiver stemmetje, en de mensen gingen in een kring om haar heen staan en luisterden. 'De kleine kannibaal heeft zonder het te weten, zijn eigen mamma opgegeten...' De mensen vonden het wel mooi, maar ook raar, maar ze begonnen toch mee te klappen. Gem zong een octaaf hoger, en de mensen klapten harder en zongen mee. En zo improviseerde Gem op alle ellende van de wereld steeds een octaaf hoger en steeds harder. Nu werd er niet alleen meegeklapt en -gezongen, maar ook gedanst. Steeds woester en uitbundiger, dreigender zelfs. Sommige mensen begonnen erbij te huilen, want het was net alsof Gem haar eigen verdriet steeds een octaaf hoger uitschreeuwde. Het was bijna niet meer te verdragen. Priscilla vond dat ze moest ingrijpen. 'Ja, ophouden, jij, nou is het wel genoeg,' riep ze en ze gaf Gem een duw, zodat ze wankelde. 'Je doet net of jij je moeder hebt opgegeten en je hebt niet eens een moeder, idioot. We gaan naar oma toe.' Ze gaf haar weer een duw en nu viel ze van het kistje, maar ze werd opgevangen door het geschrokken publiek.

'Meekomen,' riep Priscilla nog eens en ze greep haar ruw vast.

Naar oma Vanilla dus, want het was de gewoonte om na de aubade bij de familiemamma in de tuin op haar gezondheid te drinken en op die manier was er weer eens te veel rum door de keeltjes van de dames gelopen. Met als gevolg die spontane, knetterende herrie tussen de dames, waarna Priscilla besloot om de nacht door te brengen bij Danny en Fresia. Gem wist met haar dronken hoofd niets anders te bedenken dan mij uit mijn slaap bellen en hield een twee uur durende monoloog die zó de schouwburg in kon. De hele vakantie, vanaf het moment dat ik de dames met hun rolkoffers en hun kniptasjes op Schiphol had afgezet, trok aan me voorbij en als ze niet had moeten kotsen – wat eindigde met een enorme klap, zodat ik begreep dat Gem in dat verre Suriname gevallen was of in haar eigen kots was uitgegleden – dan had ik haar verhaal nog zeker drie keer in verschillende versies mogen aanhoren. In ieder geval was ik nu volledig op de hoogte.

39

Zonder geld konden ze alleen nog maar op bed zitten wachten tot ze weer naar huis konden gaan en daar hadden Gem en Priscilla weinig zin in. Daar was Paramaribo veel te gezellig en te spannend voor. Priscilla besloot op Danny af te stappen en hem ronduit te vragen of hij iets afwist van haar verdwenen duiten.

'Toeristen worden hier altijd bestolen,' zei hij. 'Je had je geld in de kluis in je kamer moeten bergen.'

Ook dat nog. Ze hadden een kluis nota bene.

'Ik kan weleens aan Ritchy vragen,' zei Danny.

'Aan Ritchy?'

'Iedereen kent Ritchy. Als je in geldproblemen zit, weet hij altijd een oplossing.'

'O ja?'

'Ik ga wel even kijken waar hij zit. Wacht maar even, ik vind hem zo.' Hij stapte op zijn fietsje en verdween fluitend.

Gem pakte meteen haar kammetje en begon verwoed haar haren te touperen. Priscilla keek haar met opgetrokken wenkbrauwen aan. 'Dat begint een zenuwtrek van jou te worden.' Ze graaide in haar make-uptasje, vond een spiegeltje en knalrode lippenstift, smeerde eerst haar lippen vol en toen ook nog een lik op beide wangen.

Gems haren stonden rechtovereind. Een sigaret moest haar beeld compleet maken.

Ze waren klaar om mister Ritchy te ontvangen.

Een kwartier later kwam Danny terug met Ritchy achterop. Een mooie jongen. Wit overhemd, open hals met een gouden ketting waaraan een haaientand hing die in zijn borstharen verdween en in één oorlel een oorbel. Wijde mouwen, smalle spijkerbroek. Puntige lakschoenen met hoogstwaarschijnlijk een voering van Chinese zijde. Hij sprong met flair van de fiets en kwam cool heupwiegend als een held uit een western op de meisjes af. Wauw...

'Wat hoor ik nou? Problemen? De kleindochters van oma Vanilla hebben problemen? Niet nodig, Ritchy lost alle problemen op.' Hij pakte een thonetstoel en zwaaide hem als een circusartiest door de lucht tot hij recht voor hem stond. Hij duwde het zitvlak tussen zijn benen en ging zitten met zijn armen gekruist over de bovenrand. Hij keek de meisjes zwoel, afwachtend aan.

Een moment bleven ze stil terugkijken om daarna gelijktijdig hun verhaal af te ratelen. Ritchy glimlachte en hief zijn hand.

De meisjes zwegen.

Ritchy wees naar Gem. 'Jij bent...?'

'Gem.'

'Vertel maar. Wie heet er nou Gem?'

'Ik heet Gemmetje Victoria.'

'Nog erger,' zei de macho.

'Gem, heet ik.'

Ritchy zwaaide even met zijn hand om aan te geven dat ze verder moest gaan. Gem vertelde het drama van haar tas met de trouwgeldhonderdjes. Ritchy knikte voortdurend tijdens het luisteren. Hij kende het verhaal al, omdat hij de laatste schakel was in de keten van 'vriendjes', die weliswaar niet het verloren geld had terugbezorgd, maar wel het paspoort en het ticket.

'Is goed,' zei hij, 'kom terech, is alles goed, kom allemaal terech.' Hij stond op. Zwaaide de thonetstoel weer op z'n plaats. Hief zijn hand op naar Danny zonder hem aan te kijken en liep cool naar de fiets die Danny in grote haast in gereedheid bracht.

40

'Ik krijg mijn geld terug!' schreeuwde Gem door de telefoon. 'M'n trouwgeldhonderdjes!'

Ik stond perplex. Hoe had ze dat nou weer voor elkaar gekregen? 's Morgens had Zus me nog opgebeld om te vragen of en wanneer de meisjes terugkwamen. Ze zat waarachtig voor hun behouden thuiskomst te bidden. Ik zou het niet weten, was mijn antwoord. Het klonk erg afstandelijk, maar ik had daar zo langzamerhand mijn redenen voor. En nu dus dit.

'Wat gebeurt...' zei Gem en ze vertelde me over Ritchy, die een soort godheid in Suriname was, en die maar met zijn vingers hoefde te knippen en het kwam voor elkaar. Echt iemand waarop Gem stond te wachten. Oma Vanilla kende hem goed, trouwens, bij Bouterse liep die Ritchy ook de deur plat, zei oma. ('Weet jij wie dat is, Bouterse?' vroeg Gem aan mij. Antwoord daarop hoefde ze niet te hebben, want ze ratelde gewoon door.) En nu was de leukste vakantie in haar leven dus gelukkig goed afgelopen. Ze kreeg haar geld terug. Tenminste, wat ervan over was toen ze de jungletocht gingen maken. Dat had ze allemaal eerlijk aan Rits opgebiecht. Van oma Vanilla hadden ze nog een afscheidsbarbecue in de tuin aangeboden gekregen. Daar zaten ze nu, op die barbecue met allemaal gasten van oma, met allemaal tranen in hun ogen, want ze zouden ze zo missen. En ze hadden allebei net een pakje overhandigd gekregen van Rits en dat moesten ze meenemen in hun koffer. Een beetje stiekem ging dat, met gefluister in een hoekje van de gang, anders zouden de anderen jaloers worden. 'Wat zit er in die pakjes?' had ze gevraagd. 'Paaseitjes,' had Ritchy gezegd, 'het is toch Pasen.'

Ze mochten met niemand over die pakjes praten, ook niet met oma, want het was een cadeautje voor Pasen voor vrienden van Rits, die heel veel voor Gem en Pris gedaan hadden. En ze stonden nu klaar om in Rits' auto te stappen, want Rits zou ze naar het vliegveld brengen om te vertrekken. En ja, daar belde ze voor, ze hoefden niet te worden opgehaald van Schiphol, want die vrienden van Rits zouden dat doen en haar trouwgeld en ook wat Pris kwijt was geraakt, dat kregen ze meteen als ze hen thuis afzetten, dat geld hadden die vrienden van Rits bij zich. 'Ja, ik kom, ik word geroepen. Nou, dag schat, dag poepie, dag doedel, lekker zeikwijf van me, ik zie je als ik thuis ben, dan krijg je ouderwets een knuffel van me.'

41

Wie? Wie kon me helpen? Aan wie kon ik dit verhaal voorleggen en wie zou nog kunnen ingrijpen? In gedachten liet ik ze passeren, de mensen die iets van drugs wisten. Zus? Truus? Die wisten wel wat, maar niet van pakjes die ze aan naïevelingen meegaven. Sevda? Waarschijnlijk kwam ik met haar het verst, ze had bijna dagelijks contact met de wijkagent over zaken die haar in het kantoortje werden toevertrouwd. Zelf naar de wijkagent toestappen? Ik koos voor Sevda.

Ze duwde me het kantoortje in, draaide de deur op slot en gaf me een rapport dat ze uit een lade trok. HENNIE B stond op de omslag, en al lezende kwam de zaak me weer voor de geest. Hennie B, de sukkel, die een pakje met drugs had meegenomen uit Suriname voor iemand in Amsterdam.

'Hennie. Zelfde verhaal. Waar zit Hennie?'

'Voorlopig in Scheveningen. Huis van bewaring, in afwachting van zijn strafzaak. Tenzij die al heeft plaatsgevonden en hij al ergens in een gevangenis zit.'

Ik zuchtte. 'Over pakweg tien uur komen die meiden aan. Wat kunnen we doen?'

'Niks,' zei Sevda. 'Als ze geluk hebben komen ze door de douane. Maar ze hebben apparatuur tegenwoordig. Ze lichten de koffers door. Ze zien alles. Geef dat rapport maar, dan berg ik het op. Misschien dat ze Guus waarschuwen, naaste familie, toch? Vader van haar kind. Wij zouden Guus ook kunnen waarschuwen, vóór de politie het doet.'

'Was je even vergeten dat de wettige echtgenoot van Gem niet Guus maar ene meneer Gür is? Overigens, lijkt op elkaar, hè, Guus en Gür.'

Sevda sloeg haar hand voor haar mond. 'Gür... ja, natuurlijk, die zal wel door de politie op de hoogte gesteld worden. Wat kunnen we doen?'

'Niks. Wachten. Wat jíj zegt: als ze geluk hebben komen ze door de douane.'

Kennelijk hadden ze geen geluk. Geen spoor van de beide

dames. Geen telefoontje. Niks. Ik had zelfs naar het nieuws geluisterd, of er misschien een vliegtuig was neergestort. Doe niet zo gek, zei Sevda, om even later voor te stellen om toch maar de wijkagent in te schakelen. En Guus? We keken elkaar aan zonder elkaar te bekennen dat we het liefst die rustige, trouwe Guus in vertrouwen wilden nemen. Als iemand het beste met Gem voorhad, dan was het Guus.

42

Het lot nam ons bij de hand. We stonden de volgende dag te praten voor het kantoortje. Van de meisjes nog steeds geen bericht. Mark, de wijkagent, kwam op zijn fietsje langs en zwaaide naar ons. Hij zag kennelijk aan onze zorgelijke gezichten dat we hem weleens nodig konden hebben en keerde naar ons terug. Sevda reageerde hier ogenblikkelijk op. Ze fluisterde: 'Loop door. Niks over die pakjes. Ik doe het woord.'

Ze gaf me een zacht duwtje, en ik liep meteen weg, even zwaaiend bij wijze van groet.

'Ik bel je straks, als ik de kinderen van school heb gehaald,' riep Sevda me na. En vervolgens tegen Mark: 'Je zou me kunnen helpen. Gem en Priscilla, jou welbekend...'

Mark begon te lachen. 'Mij zéér welbekend, ja.'

Ook Sevda lachte.

Ik hoorde de deur van het kantoortje open- en dichtgaan. Sevda was zo verstandig om het gesprek binnen voort te zetten.

Zodra hij vertrokken was, belde ze me op. 'Ik heb alleen

gezegd dat we het contact met de meisjes kwijt zijn en ons ongerust maken. Of hij kan informeren waar ze uithangen.'

'En?'

'Zou hij doen.'

Drie dagen later meldde hij zich pas. 'Slecht bericht. Ze zijn op Schiphol aangehouden. Drugs in hun koffers. Verdenking: drugskoeriers. Ik weet niet waar ze zijn. En doe verder maar geen moeite, want ook jullie krijgen geen informatie. Informatie gaat alleen naar directe familie, zeiden ze.'

'Dat zijn dus de heer Gür en de heer Aslan,' zei ik zacht tegen Sevda.

'Als die heren niet zelf in de gevangenis zitten tenminste,' giechelde Sevda.

Vanaf dat moment voltrok alles zich in een hogere versnelling, want natuurlijk had ik ook mijn persoonlijke vriendjes, die nog stamden uit de periode dat ik in het opvanghuis werkte. Wij moesten er toen vaak via slinkse wegen achter komen of een jongere die zich bij ons meldde 'gezocht' werd – door pooiers of dealers – maar ook vaak of iemands identiteit wel klopte. Gaven wij niet onderdak aan een zware crimineel? Want dat zou betekenen dat we de veiligheid van de andere bewoners in de waagschaal legden. Snel handelen langs de vriendjeslijn was toen dus bittere noodzaak en gelukkig kon ik dat lijntje nog steeds inzetten. Mijn vroegere collega Ard, de coördinator van ons opvanghuis, onkreukbaar en uiterst correct, zo correct dat hij onze binnensluipers altijd cliënten noemde, kon me binnen een paar uur vertellen dat Gem en Priscilla ergens – waar mocht hij helaas niet zeggen – in bewaring zaten. Ze hadden frisse kamertjes, frisse bedjes, toilet-

en douchegelegenheid, een gevarieerd menuutje zoals bij de knusse familie Van der Valk, een televisietje plus de TROS-gids om wat te doen te hebben, prima medische verzorging – een beugel voor de tandjes zat er misschien ook nog in –, ze zagen elkaar dagelijks tijdens hun ommetje op de binnenplaats, zaten nimmer zonder sigaretten, er was een heel team – waaronder een maatschappelijk werkster, een sport- en spelleider en een psycholoog – aan het werk gezet om hun dagbesteding onder handen te nemen, en dat alles zonder aanzien des (zwarte of witte) persoons en 'geheel gesponsord door de Staat'.* 'En mocht je ons Gemmetje op een dag toch mogen bezoeken, geef haar een speciale kus van Annetje en mij, want dat lastige wijfie zit op een ereplaats in ons hart opgeslagen. O ja, en vraag aan Gemmetje of ze zo vriendelijk zou willen zijn om de gouden ketting van Annetje, die ze de laatste keer dat ze bij ons was in d'r zak heeft laten glijden, terug te geven als ze hem nog niet heeft doorverkocht. Hij is nog van Annetjes overleden moeder geweest. Begrijp je nu waarom ik je destijds verzocht om je aan de ongeschreven huiswetten te houden en geen cliënten mee naar huis te nemen?'

43

Om verschillende redenen kon ik aan Ards verzoek niet voldoen. Ik kon Gem op geen enkele wijze te pakken krijgen. Natuurlijk, ik kon haar een brief schrijven, maar Gem was

* 'Geheel gesponsord door de Staat' komt uit het lied 'Gekkenhuis' van Max Douw.

een leven lang gewend aan kleine briefjes op de trap, ik zou dus in haar stijl moeten schrijven: *Geef godverdegodverdegodver die ketting van Annetje terug die je gejat hebt.* Dat briefje zou ik op haar deur moeten prikken of op de derde tree van de gevangenistrap moeten leggen.

Ik kon maar beter wachten tot haar advocaat contact met mij had opgenomen, zo werd mij door iemand van het gevangeniswezen gezegd, want dat zou ook betekenen dat Gem daar toestemming voor had gegeven en dat ze er behoefte aan had om mij aan te horen of te zien. Ik ging er zomaar van uit dat Gem dat graag wilde, maar het kon ook zijn dat ze boos op me was.

'Hoezo boos op mij?' vroeg ik. Ik was de enige van wie zij zeker wist dat die haar niet in de steek liet. Al was het maar omdat ze dacht dat ik een boek over haar schreef.

Ja, juist op mij, juist mensen die haar het meest na stonden kregen de schuld van de dingen die mis waren gelopen. Nou, wachten dan maar. Tot ze zelf zover was en via haar advocaat bij mij aanklopte. Of had ik misschien toch iets niet goed gedaan? Ze had me gevraagd of ik erachter kon komen wie haar biologische moeder was. Ik was daar kort mee bezig geweest, maar ik had me al snel laten ontmoedigen. Een boerengezin in die tijd. In Zeeland? In Gelderland? In Friesland? Gegevens werden niet bewaard, of zo ver weggestopt dat er wel erg veel wil en doorzettingsvermogen voor nodig was om ze op te snorren. En daaraan ontbrak het mij in dit speciale geval. Ik gaf te snel op. Begon dan wel weer als ik hoorde dat het een ander gelukt was zijn moeder op te sporen, maar als het te lang duurde gaf ik weer op. Maar wat deed Gem dan zelf om haar moeder op te sporen? Wel makkelijk om boos op mij te worden. Ik had net zoveel recht om boos op Gem te worden. Wat dacht ze wel? Mij verantwoordelijk stellen voor de stommiteiten die ze in haar leven beging. Hoe vaak had ik haar niet uit de puree gehaald vanaf het moment dat ze als een wilde kat in ons opvanghuis kwam? Jij daar, die lange met die lange poten. Ze wees mij aan, ik moest haar 'redden' en ik was er trots op dat ze mij uitkoos.

Intussen werden Gem en Priscilla in hun buurtje en door de meiden van Truus behoorlijk gemist. De vreemdste verhalen deden de ronde. De twee hadden helemaal gekapt met hun onaangepaste, roze bestaan, ze waren getrouwd met rijke mannen en naar Amerika vertrokken om daar een nieuw leven te beginnen. Sevda moest haar kantoortje tijdelijk sluiten omdat die verhalen bij haar van 's morgens vroeg tot sluitingstijd gecontroleerd werden. Toen de buurtgenoten daarna bij haar thuis aan de deur kwamen en beslag gingen leggen op haar privéleven, besloot ze kort en krachtig de waarheid te vertellen. Briefje op haar deur met *Gem en Pris zitten in de gevangenis. Gesnapt met drugs in hun koffers toen ze uit Suriname terugkwamen.* Maar dat geloofde niemand. Flauw grapje van Sevda. Zo stom waren die meiden toch niet? Er werden andere verhalen verzonnen. Amerika werd vervangen door Canada, Nieuw-Zeeland, Australië en uiteindelijk door een cruiseschip, dat de wereld rondreisde. Sevda bleef de waarheid herhalen, maar niemand geloofde haar. En ík had wel begrepen dat ik me voorlopig niet bij Sevda en haar omgeving moest vertonen, hoewel niemand nog op de gedachte was gekomen om eens bij mij te informeren. Mijn leven was ondertussen aardig rustig geworden, zo zonder Gem en haar strapatsen.

Maar toen was daar het telefoontje van Michaël M., de advocaat die van Gem kennelijk toestemming had gekregen om contact met mij op te nemen. Of we een afspraak konden maken? Liefst op een neutrale plaats. Doe maar een voorstel. En zeg maar Michaël, dan zeg ik Yvonne, dat komt er toch van.

'Nou,' zei ik, refererend aan het laatste, 'je mag zo beginnen, maar als ik het te amicaal vind worden, zeg je maar gewoon mevrouw.'

'Goeie deal,' vond hij.

Ik stelde mijn stamcafé voor, een tafeltje voor het raam. Ik kon hem al van ver zien aankomen. Jonge man. Grote stappen. Rode sjaal. Wapperende haren. Grote woordenschat, want open zijtas met boeken en papieren. Gem zou zeggen: 'Wauw...'

'Jij bent Yvonne.' Hij smeet zijn tas op een stoel en schudde stevig mijn hand, ik voelde mijn knokkels kraken. 'Of is dit nu al te amicaal?'

'Nog niet, wel pijnlijk.' Ik wreef mijn hand en wees op de nog vrije stoel.

Hij vertelde mij dat hij maar een halfuur de tijd had, te kort voor een lunch met een goed glas wijn, voldoende voor een kennismakingsgesprek met een kop cappuccino, waarin de basis kon worden gelegd voor een bijzondere samenwerking. Hij hoopte namelijk dat hij mij zou kunnen overhalen om in het geval-Gemmetje Victoria zijn getuige-deskundige te zijn. Ik zou er daarbij rekening mee moeten houden dat de rechter mij weleens veertig minuten zou willen ondervragen. Hij had al eerder een soortgelijk geval als dat van Gemmetje Victoria moeten verdedigen en ja, als het goed is wil de rechter toch graag wat meer van de achtergrond – de jeugd – van de verdachte te horen krijgen. En wie kan de rechter daar meer over vertellen, niemand die haar zo goed kent als jij.

Met Gemmetje had hij al een aantal gesprekken gevoerd. Ze voelt zich bedrogen, zei ze, ze wist toch niet wat er in dat pakje zat? Ze zeiden dat het voor Pasen was, dus dacht ze paaseitjes of zo. En die Priscilla Vanilla schold al helemaal de boel bij elkaar. Hij was blij dat zij niet zijn cliënte was. Met Gemmetje viel tenminste nog te lachen. Toen gisteren zijn tijd om met haar te praten voorbij was, werden ze gewaarschuwd door een vrouwelijke cipier met een verschrikkelijk schelle stem. Gemmetje bedekte meteen met beide handen haar oren en schreeuwde het mens toe: 'Hé lellebel, die stem van jou, die moet je es een nachie in de zeik laten leggen.' Ik kwam niet meer bij, ik dacht: die griet, dat wordt een feestje, ik verheug me nu al op de volgende keer.

'De volgende keer zou je weleens sneakers naar je kop kunnen krijgen.'

Hij keek ongelovig. 'Sneakers?'

'Of bestek, of een asbak. Met Gemmetje viel tenminste nog te lachen.'

'Meen je dat?'

'Jazeker. Er was toch niemand die haar zo goed kende als ik?'

Hij knikte een paar maal en zei toen nadenkend: 'Tja, ja, ja. Wat nou?' Hij keek op zijn horloge.

'Gelukkig is een halfuur op het juiste moment afgelopen,' zei ik.

Hij legde geld op tafel, pakte zijn tas met zijn grote woordenschat, sloeg zijn rode das om zijn hals, kraakte mijn knokkels en verliet in grote haast mijn stamcafé.

'Bereid je alvast voor op ons volgende gesprek, de jeugd van mijn cliënte,' riep hij nog.

'Doe ik. Ik begin meteen. Geen tijd te verliezen. Hoewel, het is niet nodig, ik hoef niets voor te bereiden, want haar leven zit vastgezogen aan het mijne.'

Maar dat laatste hoorde hij niet meer.

Buiten zwaaide hij nog even. Grote stappen. Wapperende haren.

Twee dagen later stond mijn bezoek aan Gem gepland. Ik besloot haar ronduit te vragen of ze blij was met de haar toegewezen advocaat.

Ze begon spontaan te lachen. 'Die Michaël! Die brave schat! Een hockeyjongetje uit het Gooi. Krijg ík weer! Is het echte leven nog niet tegengekomen. Niet in de vorm van ziekte. Fluor, kalk en vitamine hebben voor hem op de schoorsteen gestaan, dus nooit gaatjes in zijn schattige kiesjes. En ook niet in de vorm van schulden, want zijn beschermengelen lagen voor het grijpen: ouders met connecties en bankrekeningen, die als koelies het struikgewas op zijn levenspad wegkappen. Arm, arm knulletje, ik kan hem nog veel leren.'

Guus. Wat wist Guus? Had iemand die brave jongen iets verteld? Had hij misschien van Sevda iets gehoord? Mehmet en Dicky zaten samen op school en Sevda en Guus kwamen elkaar op het schoolplein vaak tegen. Ik voelde Sevda voorzichtig aan de tand, had zij Guus...? Maar nee, natuurlijk niet. Ze keek me verontwaardigd aan. Ik schaamde me, nee, natuurlijk niet, hoe kon ik zoiets denken? Zelf had ik al een paar maal op het punt gestaan om naar Guus toe te stappen om hem met de werkelijkheid te confronteren. Ik denk niet dat ik ver gekomen zou zijn. Meneer Gür zou ik nog wel voor het voetlicht kunnen brengen, maar wat er allemaal daarna gebeurd was, kon ik toch niet op de agenda plaatsen. Dus besloot ik maar niet naar Guus te gaan. Hij was de vader van Dicky, hij zorgde voortreffelijk voor het kind en hij zorgde er ook voor dat het jochie zijn moeder regelmatig zag, ook al deed Gem zelf daar geen moeite voor. De onderbreking van wat zij hem had voorgeschoteld als 'haar vakantie naar Suriname samen met haar vriendin' had hij zonder meer geaccepteerd.

Ik dacht vaak aan Guus. Het voelde niet goed dat ik hem niet op de hoogte had gesteld. En juist toen ik besloot dat toch maar te gaan doen, vond ik een brief van hem in mijn brievenbus.

Ik kan het je wel door de telefoon zeggen, maar ik denk dat een brief toch beter is, hoewel ik me van tevoren al verontschuldig, ik beheers de taal niet zo goed als jij.

Ik heb een vriendin. Al een tijdje. Ze heet Nellie. Ze heeft twee jongetjes, van zeven en acht jaar. Het gaat heel goed samen met Dicky. En Nellie is ook aardig tegen Pien. Ik ben van plan om binnenkort bij Nellie in te trekken. Met Dicky. We hebben er lang over gepraat, en we hebben ertoe besloten. Ze heeft een eigen huis dat groot genoeg is voor ons erbij. Ze heeft een goeie baan, ze is telefoniste bij een groot autobedrijf. En wat het allerbelangrijkste is, ze heeft een groot hart. Ze begrijpt ook wat het voor Pien betekent als Dicky bij haar weggaat.

Als het jou lukt om bezoek aan Gem te regelen, en als je denkt dat het goed is als Dicky zijn moeder ziet, dan mag je hem wat mij betreft zo nu en dan wel meenemen zodat het contact met Gem onderhouden wordt. Ik denk niet dat het verstandig is als ik met Dicky bij haar op bezoek ga. Als het jou moeilijk valt, dan wil Pien het wel doen. En natuurlijk heb ik ook aan Sevda gedacht – ik zal Sevda een soortgelijke brief sturen – maar ik heb het gevoel dat jij het beter op je kan nemen. Ik moet voorzichtig zijn met wat ik aan Dicky mag en ga vertellen. Nellie is hierbij een grote steun voor me en ik heb ook veel steun aan mijn baas, dat scheelt. Uit wat ik je nu schrijf, begrijp je dat ik inmiddels van alles op de hoogte ben. Het was even slikken, want er waren de laatste tijd momenten dat ik dacht dat een vader en een moeder, een gewoon gezin dus, er voor Dicky in zat. Maar het is zoals het is.

Want er waren momenten... In een flits schoven de beelden aan me voorbij. Het 'gewone gezin' waarop Guus doelde in de speeltuin. Guus met de schaterende Dicky op zijn schouders, galopperend als een paard om Gem heen. En zij met trappelende paardenvoetjes, lachend en in haar handen klappend. Hij sloeg zijn arm spontaan om Gem heen, drukte zijn hoofd in haar hals en voerde haar mee naar de schommels. Direct gevolgd door het beeld van de fietsketting die door Guus naar Gem werd gebracht om haar fiets op slot te zetten. 'Daar kan je iemand mee doodslaan,' zei ze en ze vloog hem spontaan om de hals. Hij sloot meteen zijn armen om haar heen, streelde haar rug en ik zag op beide gezichten een lachje komen. 'Ik zal je wel leren wat je met die ketting kan doen behalve doodslaan,' fluisterde hij. En de condooms die ze bij Truus gejat had... Voor Guus... De helft was voor Guus, omdat ze bang was dat hij met Reynalda een kind zou maken. En die andere helft bewaarde ze onder haar bed bij Truus, voor haar en Guus, voor je weet maar nooit.

Twee volgeschreven blocnotevellen. In een enveloppe gestopt, postzegel erop. Zelf had ik aan alle mogelijkheden gedacht. Ik kon Guus opbellen en een afspraak met hem maken. Ik kon ook spontaan naar hem toe gaan. Flesje wijn meenemen en met Pien erbij 'alles op een rijtje zetten', zoals ik vroeger zo vaak met hen deed. Ik kon het natuurlijk ook via Pien of via Sevda spelen. Geen moment had ik eraan gedacht dat ik Guus een brief zou kunnen schrijven, terwijl hij – automonteur, die zich van tevoren al verontschuldigde omdat hij de taal niet zo goed beheerste als ik – niet schroomde om het middel te gebruiken dat doorgaans mijn wapen is: de pen.

44

Wie ook een brief aan me schreef: Gem. Een paar regeltjes op de achterkant van een reclamefoldertje voor pizza's, in de traditie van de vodjes op de trap. Maar deze keer meegegeven aan haar advocaat, die het vodje in een chique enveloppe had gestopt en via de post in mijn brievenbus deed belanden.

Hé zeg, je zei dat je Dicky de volgende keer wilde meenemen als ik dat goedvond. Ik vind dat goed. Dan hoort hij ook over mijn plannen. O ja, en neem je iets mee tegen de hoest, ik hoest m'n longen uit m'n lijf. En ook graag een slof sigaretten, als ze die tenminste niet door gaan snijden om te kijken of er drugs en messen en vijlen in zitten. Gem.

Gem kon haar advocaat spreken in de advocatenkamer, zonder dat daar iemand bij zat. Die privacy had ze niet bij haar andere bezoek, eenmaal per week een uur. Gem schreeuwde echter zo hard tegen haar advocaat dat ze drie deuren verder woordelijk was te verstaan. Weinig privacy dus.

Als ik haar opzocht, dan liep ik onder poortjes door, waaraan camera's bevestigd waren die mij als 't ware fouilleerden. Ik wist dat ik geen verdachte zaken bij me had, maar ik had toch het gevoel dat ik elk moment betrapt zou kunnen worden en geboeid zou worden afgevoerd. De deuren die ik naderde gingen uit zichzelf open. Dat werd zo geregeld vanuit de centrale post – een soort Almachtige Ziener –, zo werd mij uitgelegd. Maar voor mij was dat meer een Bijbelse ervaring, zoiets als het water van de Schelfzee dat week om mij door te laten. Gem stond dan al ongeduldig te ijsberen met haar woeste, getoupeerde haren, in de kamer waar ook andere gedetineerden hun bezoek ontvingen. Ze begroette me steevast met 'Jezus, waarom kom je zo laat? Heb je sigaretten bij je?' Bij de deur postte altijd een gevangenbewaarder die waarschuwde wanneer de tijd om was. De reactie van Gem was ook iedere keer dezelfde: 'Hoe kan dat nou, moet je nóú al weg? Nou, wijfie van me, ga dan maar en vergeet niet volgende keer sigaretten voor me mee te brengen.' De gevangenbewaarder wekte niet de indruk mee te luisteren, maar iedere keer als ik naar hem keek, ging er toch *Feind hört mit* door me heen.

Op een maandag had ik Dicky thuis opgehaald. Hij was opgetogen. Hij hoefde niet naar school vandaag, want hij ging zijn moeder zien. Hij had een sweater aan met de opdruk IK BEN JOUW FAN. Daar bedoelde hij duidelijk zijn moeder mee. 'Kijk dan,' zei hij en hij sloeg trots op zijn borst: 'Mamma.' Wat zou hij morgen op school veel te vertellen hebben, aan zijn juf, aan Mehmet en zijn andere vriendjes. Eén van zijn vriendjes had een pappa in de gevangenis. En dat vriendje was de held van het schoolplein geworden. Dat vriendje had ook een sweater en daar stond op PAPPA. Die pappa had een mes. Dat mes hadden ze afgepakt, want hij had iemand gestoken en ook nog geslagen en geschopt. Dat was heel erg, maar vooral heel erg spannend. Maar niemand had een moeder in de gevangenis, alleen hij. 'Waarom zit ze daar?' hadden de vriendjes hem gevraagd. 'Heeft ze iemand vermoord?'

'Tuurlijk niet, mijn moeder vermoordt niet, mijn moeder is een koerier,' zei hij trots, want dat had zijn vader hem verteld. Maar zijn vader had hem er niet bij verteld wat een koerier was. Hij zei dat hij te klein was om dat te begrijpen. En daarom vroeg Dicky het aan oma Pien en die haalde haar schouders op en zei ook dat hij te klein was om dat te begrijpen. Maar even later vertelde ze toch dat in de oorlog haar grote zus heel dapper was omdat ze koerier was geweest en dat zij geheime berichten naar geheime plaatsen bracht en geheime kranten onder in een kinderwagen met een kind erbovenop.

Een koerier was dus heel dapper en heel belangrijk, wist Dicky. Zijn moeder was dus ook heel dapper en heel belangrijk. Zijn moeder had geheim snoep uit Suriname meegebracht in een cadeaudoos. Soort heel duur snoep was dat. Soort heel duur verboden snoep. Als je dat doet en je wordt ontdekt, dan neemt de politie je mee en dan ga je naar de gevangenis. Maar gelukkig zit ze met haar vriendin Priscilla in de gevangenis, die is ook verbodensnoepkoerier. Samen verbodensnoepkoerier in de gevangenis is nog spannender. Maar vandaag ging hij naar mamma.

'Is het nog ver, naar mamma?' Hij wriemelde zijn handje onder mijn rechterhand aan het stuur. Maar nog voor ik hem kon antwoorden, trok hij zijn handje weer terug en zei resoluut: 'Ik ga toch maar naar huis. Straks moet ik op geheime kranten in de kinderwagen zitten. Binden ze me dan ook vast? Ik ga toch liever naar school. Ik ga niet naar mamma.' En daarna op zachte huiltoon: 'Ik wil naar huis. Gaan we naar huis? Ik wil dat oma Pien me naar school brengt.' Dan op hardere huiltoon: 'Ik wil niet naar de gevangenis. Daar ben ik nog te klein voor om te begrijpen. Ik wil naar oma Pien. En ik wil naar pappa. Ik wil naar scho-ho-hool... Ik wil naar hui-hui-huis...'

Ik probeerde door zijn gehuil heen te breken, maar hij deed zijn beide handjes voor zijn gezicht en begon voluit te huilen en waarachtig ook met zijn voeten te trappelen en ondanks zijn veiligheidsriem was hij in staat om zijn rug als een boog te spannen en zijn billen omhoog te duwen. Dat had ik hem nog nooit zien doen. Eerlijk gezegd had ik dat nog geen enkel kind ooit zien doen. Het werd menens, zag ik. Ik was als de dood dat hij als een pijl uit die riem weg zou schieten. Alles bij elkaar werd het me te gevaarlijk op de grote weg met al die langs mij heen flitsende auto's. Ik moest iets doen. Gelukkig naderde ik een afslag.

'Rustig maar, rustig, we gaan al naar huis, we zijn zo thuis. O! En kijk daar eens...' Ik zag in de bocht van de afslag de M van McDonald's verschijnen. McDonald's! Redder in de nood! 'Je krijgt een ijsje, wil je een ijsje?'

'Ik krijg een ijsje, ik wil een ijsje!' riep Dicky, terwijl hij gewoon door bleef snikken.

Ik gaf een dot gas, onverantwoord, wist ik, sloeg gierend door oranje de hoek om en kwam met kloppend hart en een om ijs jengelend, compleet overstuur jongetje tot stilstand op de parkeerplaats van McDonald's.

45

Ik was erg benieuwd naar de plannen van Gem die kennelijk ook voor Dicky's oren bestemd waren. Ik kreeg ze sneller te horen dan ik verwachtte, namelijk twee dagen na mijn onfortuinlijke tocht met Dicky en wel uit monde van 'onze' flamboyante advocaat, die me graag weer even wilde ontmoeten in mijn stamcafé. Er waren 'zo wat dingetjes', zei hij door de telefoon en ik viel hem meteen in de rede. Of hij die zo-wat-dingetjes niet aan Gem kon vragen? Nou, dat zou moeten kunnen, maar Gem was niet zo scheutig, ze ontweek antwoorden, enne, ze probeerde hem 'in de hoek te zetten'.

'Ze geeft je een grote bek, bedoel je.'

'Ja,' zuchtte hij. De arme sukkel had natuurlijk nog nooit zo'n cliënt gehad en moest nog leren omgaan met dit type gehavend mens. Welke kansen had hij daarvoor gehad? Zijn studie inclusief maidentrip was natuurlijk door zijn vader betaald en zijn vriendin was door zijn moeder uit haar coterie geselecteerd. Gem had hem goed ingeschat. De arme jongen had heel hard een leermeester à la Gemmetje nodig. En misschien kon ik hem ook wel een beetje verder helpen.

'Kom morgen maar, ik zal je wel een beetje bijpraten.'

Ik zette hem meteen het wie, wat en waarom van Gem uiteen. Hij wilde mij toch als getuige-deskundige? Nou, hij kon zich schrap zetten. Hij kon krijgen wat hij vroeg. 'Maar wél luisteren, meneertje, en niet halverwege de eerste les op je horloge kijken en zeggen dat het halfuur om is. En ook geen tussentijdse vragen. Vragen kan je na afloop stellen.'

'Ja, ja, ja, dat is goed.'

En ik begon. Daar waar ik vond dat ik moest beginnen, bij Gems geboorte. Bij haar zeventienjarige moeder die haar moest afstaan en naar wie ze zo hartstochtelijk verlangde. Ik liet alle pleeggezinnen de revue passeren, waar ze door de diverse gezinsleden misbruikt werd, en de kindertehuizen, waar ze weer door groepsleiders verkracht werd. Ach, een illustratie doet het altijd goed: Gem, twaalf jaar oud, voor het eerst ongesteld, wordt door een groepsleider tussen de benen genomen, krijgt haar maandverband dat uit haar broek gevist wordt in haar mond geduwd, tapeje om het mondje heen zodat gillen en uitspuwen onmogelijk wordt, handjes vastgebonden, en wordt vervolgens verkracht. We gaan door met de gesloten inrichtingen waar ze door psychiaters en psychologen misbruikt en verkracht werd – illustraties kan hij op verzoek krijgen, weet niet wat hij hoort – en vergeet niet alle vriendinnen met wie ze danste op de vulkaan, en al het schorem dat haar de vulkaan in had getrokken en ook weer uit had geschopt, iedereen die van haar profiteerde, iedereen die de dupe van haar werd, en via het een dat het ander opriep kwam ik bij dat éne regeltje, dat misschien nergens op sloeg, maar dat uit me opwelde omdat het voor mij Gems verdriet vertegenwoordigde: "De kleine kannibaal heeft zonder het te weten haar eigen mamma opgegeten'. Dat is het enige kinderliedje dat ze kent en voor de rest van haar leven is die mamma als een steen in haar maag blijven zitten. Versteend en onverteerbaar. Jij hebt natuurlijk heel andere kinderliedjes in je zijtasje zitten. Het liedje van Ome Willem, een onschuldig liedje van Willem Wilmink. "Deze vuist op deze vuist, deze vuist op deze vuist, deze vuist op deze vuist en zo klim ik naar boven..." Eén regeltje maar. Grote hit geworden. Wordt steeds een octaaf hoger gezongen, net als "De kleine kannibaal" van Gem. Zo zie je, eenvoud is nog altijd het beste. Verder nog vragen? Verder geen vragen.'

Hij keek me verbijsterd aan. Zijn schouders waren tijdens mijn verhaal in elkaar gezakt. Hij kreeg er geen woord uit.

'Maar ík heb wél een vraag. Wat zijn dat voor plannen die Gem heeft en die Dicky ook mocht horen?'

Hij nam de tijd. Slikte een paar maal. 'Ze vroeg of ze in de gevangenis ook iets mocht leren. Een vak of zo. Iets wat ze zou kunnen doen als ze haar straf heeft uitgezeten. Ze vindt kassajuf wel leuk, bij Kruidvat of Etos of zo, want ze kan goed rekenen en als kassajuf hoef je ook nooit meer tegen je klant te zeggen dan: "Verder nog iets?" Of: "Niets vergeten?" Maar ze dacht dat dat niet zou mogen omdat ze altijd jat. En tattoos zetten vond ze ook leuk om te doen, maar ze was bang dat dat niet kon omdat ze van die hoestbuien kreeg met schokhanden en dan was die tattoo verpest. Maar ze zei ook dat ze best het verhaal van haar leven en hoe ze in de gevangenis terecht is gekomen op scholen zou willen vertellen. En ze zou ook met een groepje kinderen naar de gevangenis kunnen gaan, laten zien hoe ze daar leven en dat je er beter voor kunt zorgen dat je daar niet terechtkomt.'

Hij knikte lang naar me. Nadenkend. Met een verbeten trek om zijn mond zei hij: 'Dat laatste is misschien nog niet eens zo gek. En ik beloof je, na alles wat ik van jou gehoord heb: ik ga me daar hard voor maken.'

46

Het werden vijftien maanden, waarvan drie maanden voorwaardelijk. Het werd dus een jaar. Ook Priscilla verdween een jaar achter de tralies. Ik was met Zus, Truus, Sevda, Pater Pijet en Ard aanwezig bij de uitspraak. Ik werd als getuige-deskundige gehoord. Ik had een rechter die nou eens niet in zijn papieren snuffelde maar me emotieloos en recht in mijn gezicht aankeek. Hij stelde slechts eenmaal een vraag en liet me op verzoek van Michaël mijn verhaal doen. Het verhaal dat ik aan Michaël verteld had, het wie, wat en waarom van Gem, te beginnen bij de geboorte van Gem en het ontvreemden van de baby. Daarna ging ik rustig verder tot en met het gruwelverhaal van het maandverband en plakte daar bijna gedachteloos dat ene regeltje aan vast, dat regeltje dat me soms nog weleens door mijn dromen aan de hand meesleurt: 'De kleine kannibaal heeft zonder het te weten, haar eigen mamma opgegeten.'

Daarna stopte ik even. Tot mijn verbazing richtte Michaël zich toen tot mij met wat hij een dringend verzoek noemde.

'Misschien zou je de rechter nóg een illustratie willen geven.'

'Nog een? Je bedoelt: iets nóg ergers, want dit was nog niet erg genoeg?'

'Ja, je weet wat ik bedoel.'

'Kunt u het functioneel houden?' vroeg de rechter.

Iets nóg ergers en functioneels, herhaalde ik voor mezelf. 'Voldoet psychiater Theo Finkensieper daaraan? De ex-directeur van de Heldringstichting in Zetten?' Ik keek snel naar de rechter, maar ik zag geen emotie op zijn gezicht verschijnen. Ik zal jou eens een poepie laten ruiken, dacht ik, want natuurlijk had de rechter gehoord van het geruchtmakende proces-Finkensieper.

'Ga je gang,' zei Michaël, en hij knikte ter aanmoediging vriendelijk naar me.

'Finkensieper trad in 1971 in dienst in Zetten, de inrichting voor moeilijk opvoedbare meisjes zo tussen twaalf en zestien jaar, die toen al de naam had de afvalbak van justitie en de kinderbescherming te zijn. Een zwartboek met klachten (getiteld: *Zetten, zat, gezeten*) werd in mei 1974 gepubliceerd, maar kreeg in de media nauwelijks aandacht. In dat zwartboek werden de daden van Finkensieper uitgebreid vermeld. Hij schreef de meisjes, die aan hem en zijn deskundigheid waren toevertrouwd, overmatig gebruik voor van medicijnen die een gedragsveranderende uitwerking hadden. Hij liet de meisjes opsluiten in isoleercellen wanneer en zolang het hem uitkwam. Hij liet de meisjes eenmaal per week op zijn divan plaatsnemen om hun seksuele gevoelens te bespreken en liet ze in zijn aanwezigheid hun onderbroek uittrekken en zichzelf bevredigen als voorspel van iets wat ze "met iemand anders" – hij bedoelde waarschijnlijk met hém – konden beleven. Als ze niet durfden, verlegen waren, erom giechelden, of wie weet niet wisten hoe ze het doen moesten, dan had hij wel een behulpzaam vingertje. Er waren een paar meisjes die genoeg hadden van die kwijlende praktijken van de heer Finkensieper en besloten om hem erin te laten lopen. Zij gaven Finkensieper aan bij de politie zodat hij op heterdaad betrapt werd. De namen van 'De meiden van Zetten' die Finkensieper hadden aangegeven bij de politie waren met hun toestemming in diverse kranten genoemd: Gemmetje Victoria en Priscilla Vanilla. Gem en haar vriendin Priscilla zijn na de aangifte en het gedoe dat toen volgde uit de inrichting van de Heldringstichting weggevlucht. Gem heeft wel eerst geprobeerd steun te zoeken bij haar mentor, maar die durfde haar niet te helpen, uit angst dat zijn carrière gevaar zou lopen. Gem heeft nog kans gezien om ergens geld te stelen. Ze heeft zich eerst in de kleren gestoken, opvallende kleren, en is toen op de trein gestapt. Na een zwerftocht van station naar station, en slapen op banken, is ze uiteindelijk bij mij terechtgekomen in het toen net geopende opvanghuis in Den Haag. In die opvallende kleren, ja. Waar Priscilla naartoe is gegaan, weet ik niet. Is dit naar je tevredenheid, Michaël? Ik bedoel, gaat dit door voor iets nóg ergers en toch functioneel? Ik kan het erger maken als je wilt, want ik heb natuurlijk niet alles verteld. Je begrijpt dat Gem mij deze gebeurtenis tot in de kleinste details heeft beschreven. Ik zou de rechter bijvoorbeeld nog kunnen vertellen hoe dat op heterdaad betrapt worden van Finkensieper in z'n werk is gegaan.'

'Nee, nee, nee, nee, dit is voldoende,' zei Michaël.

'Inderdaad, dank u wel, dit is voldoende,' zei de rechter.

47

We noemden het 'het jaar van Gem en Pris en hun respectievelijke advocaten Michaël en Igor'. De laatste leerden wij kennen als een nogal afstandelijke jongen die zijn handen vol had aan Priscilla en haar nukken. Ze deed altijd net of ze hem niet verstond en ging bij voorkeur haar nagels schoonmaken, met haar rug naar hem toe zittend.

Het bezoek aan de vriendinnen werd geregeld door Sevda. Wat Gem betreft kregen Guus, Dicky en Pien de eerste woensdag van de maand toegewezen, Sevda en ik het tweede en derde bezoekuur, en Zus en Truus moesten de overgebleven tijd soepel verdelen. Andere mensen waren niet geïnteresseerd in Gem. Alleen als Dicky te kennen gaf zijn moeder te willen zien, dan werd er onderling heen en weer getelefoneerd om het jongetje met zijn uitgekozen begeleider – meestal Guus – voorrang te verlenen. De verdeling van de bezoekuren van Priscilla ging iets eenvoudiger, alleen Sevda, Zus en Truus namen de uren om de beurt voor hun rekening. Haar familieleden hadden haar kennelijk gedumpt.

Met Michaël hadden Gem en ik een band gekregen. Er was iets wezenlijks met die jongen gebeurd. Van flamboyante advocaat die het helemaal zou gaan maken bij het advocatenkantoor van zijn vader, was hij uitgegroeid tot een sociale jongen die zich kon inleven in de pijn en de pech van zijn cliënte die toevallig in de verkeerde wieg terecht was gekomen, waaruit ze ook nog eens was gestolen. Wat hij beloofde, maakte hij waar. Hij nam contact op met Greetje, de maatschappelijk werkster die Gem kreeg toegewezen, en onderzocht met haar of het mogelijk was om Gem een vak te laten leren en of er ook iets gedaan kon worden met Gems wens om schoolkinderen over haar leven te vertellen en in de gevangenis rond te leiden. Greetjes prioriteit lag bij dat vak leren, Gems wens schoof ze voorlopig naar een later tijdstip, want daar had al eens iemand een poging toe ondernomen en die was mislukt. Maar dat vak leren, daar zag Greetje zeker wat in, vooral omdat het initiatief van Gem zelf was uitgegaan. En wie weet was het ook iets om aan Priscilla voor te leggen, zei Greetje.

In welke volgorde het proces zich vervolgens voltrok weet ik niet. Was het Michaël die zijn collega Igor erbij betrok, of was Greetje de grote motor van het drietal? In ieder geval konden wij constateren dat Greetje en de beide advocaten zich regelmatig terugtrokken in de advocatenkamer, waarna het moment aanbrak dat Greetje Sevda en mij enthousiast uitnodigde voor een gesprekje in haar kamer. Wat wij ervan vonden, vroeg ze. Het drietal had Gem en Priscilla een plan voorgelegd. Nee, geen kassajuf bij Kruidvat of Etos, dat vonden ze alle drie veel te riskant, maar in de wijk waarin ze doorgaans grasduinden – en waar ze na vrijlating graag weer naar terug wilden keren – was er bij het handhavingsteam grote behoefte aan vrouwelijke versterking. Men wilde vaste koppels vormen die zowel door de autochtone als de allochtone bewoners geaccepteerd zouden worden. De combinatie Gem en Priscilla leek het drietal uitstekend, vooral ook door de 'dekking' van de geliefde nonnen Zus (met Pater Pi-jet op de achtergrond) en Truus.

Er waren natuurlijk nog wel een paar problemen die moesten worden opgelost: de huwelijken van de vriendinnen. De heren Gür en Aslan hadden zich weliswaar keurig aan hun afspraken gehouden, ze hadden geen contact met hun wettige echtgenoten gezocht, maar de periode van twee jaar die daarvoor stond was bijna afgelopen en de scheiding moest nu officieel in gang worden gezet. Wij hadden het vermoeden dat het initiatief daartoe niet door de beide heren zou worden genomen. Michaël en Igor vreesden zelfs dat de heren bij aanmaning weleens met eisen zouden kunnen komen. De advocaten haalden boven water dat diverse bruidegoms – nadat de overheid een stokje had gestoken voor de huwelijken – een deel van hun geld terugeisten omdat ze zich belazerd voelden en dat vergezeld lieten gaan van dreigementen. De advocaten vonden het verstandiger als Gem en Priscilla de helft van hun inmiddels verloren trouwgeldhonderdjes uit zichzelf terugbetaalden.

Toen de dames dat hoorden, begonnen ze meteen te schreeuwen. 'Ja hé, wach effe, ze hebben dat geld toch van ons gejat, helemaal mooi, we hebben niks, niet eens genoeg geld om te roken, en nou moeten we nog terugbetalen ook.'

'Ja, godsklere, laat die Danny het maar betalen, of die Rits, die hebben ons geld gejat en ons erin laten lopen en anders vraagt die Rits het maar aan die meneer Bouterse godsklere.'

Toevallig was Zus bij deze conversatie aanwezig en zij wist de gemoederen tot bedaren te brengen door te roepen dat de Congregatie van de Zusters van Liefde misschien wel bereid was om in dit speciale geval bij te springen. 'Nee, nee, nee, níét op de zaak vooruitlopen, meisjes, ik zeg natuurlijk niet dat ze dat doen, ik zeg dat ik zal proberen het voor te stellen, ik zal proberen te vragen of ze in dit speciale geval...'

'Lúl ze in de hoek,' zei Priscilla.

'Wát zeg je?' vroeg Zus.

'Die Congregatie. Lul ze in de hoek,' riep Gem nu ook.

Wat Zus precies gedaan heeft weet ik niet, maar waarschijnlijk heeft ze de Congregatie van de Zusters van Liefde inderdaad keurig in de hoek geluld, en heeft dat zoveel indruk gemaakt dat ze het benodigde geld binnen een week bij ons op tafel kon leggen.

48

Sevda zag er al een poosje niet goed uit. Omdat Gem, Zus en ik haar bijna dagelijks spraken, was het langzaam magerder worden van haar gezicht en lichaam ons niet opgevallen, en misschien omdat ze gewend was om met anderen over hun problemen te praten en zichzelf daarbij uit te schakelen, kwam ook niemand op de gedachte om naar háár wel en wee te informeren. Ik kon me wel voor mijn kop slaan dat ik dat ook niet gedaan had toen ik hoorde dat Sevda ziek was. Althans, niet ziek, maar overspannen. Nou ja, niet overspannen, maar, zo werd gezegd, ze blijft een poosje thuis bij haar kinderen, want die man van haar had de hele boel kort en klein geramd, met haar erbij en ook met Mehmet, die vóór zijn moeder was gesprongen en die hij had gegrepen en zowat in elkaar had gefrommeld en het had een haar gescheeld of hij had hem uit het raam gegooid, samen met het meubilair dat hij nog niet gesloopt had. Een escalatie van een situatie die al een lange tijd aan de gang was: haar man kon niet verkroppen dat Sevda zich ontwikkelde tot een zelfstandige vrouw. De politie werd door buren gealarmeerd en had hem voor verhoor meegenomen naar het bureau.

Later waren er twee agentes bij Sevda gekomen om te vragen of ze aangifte wilde doen, maar dat weigerde ze, dat wilde ze haar kinderen niet aandoen. Of ze begreep dat haar man zonder haar aangifte door de politie weer op straat gezet moest worden en dat hij haar dan zeker weer lastig zou vallen, mishandelen misschien? Ja, dat begreep ze, maar ze wilde dit zelf oplossen. Hoe wilde ze dit oplossen? Sevda zweeg.

De agentes drukten haar op het hart om direct het bureau te bellen wanneer haar man weer kwam opdagen. Ja, ja, zei Sevda, dat zou ze doen, maar in plaats van op dat opdagen te wachten, maakte ze een afspraak met Michaël. Ze had zich laten inspireren door de wijze waarop hij en Igor de scheidingen van Gem en Priscilla hadden geregeld en vroeg hem om haar te helpen.

Ze had ook een beetje geld kunnen sparen, zei ze trots, want haar werkzaamheden voor het kantoortje had ze niet gratis hoeven uitvoeren. Maar Sevda kon een beroep doen op gratis juridische hulp, zei Michaël, koop van je spaarcentjes straks maar weer nieuw meubilair. Dat laatste was niet nodig, want Sevda was inmiddels zo geliefd bij de buurtbewoners, dat zij spontaan een actie waren gestart – op initiatief van de Turkse bakker die op zijn toonbank een emmer had gezet waarop hij een vel papier had geplakt met *allâhs watjâh in de emmâh gooi is vorâh sjefdah*. Hij had kennelijk zijn Haagse knecht de tekst laten schrijven.

De man van Sevda heeft zich nooit meer laten zien. Hij verkocht zijn groente- en fruitzaak op de Vaillantlaan en trok in bij een jonge vrouw met wie hij al een zoontje bleek te hebben. Met haar begon hij in een andere wijk weer een groente- en fruitzaak. Hij zette zijn jonge vrouw in de winkel en zat als hij maar even kon in het dichtstbijzijnde theehuis van alles te doen behalve thee drinken. Sevda's scheiding werd door Michaël geregeld en heeft er onder meer toe geleid dat ook andere Turkse en Marokkaanse vrouwen ertoe werden aangezet om eens goed na te denken over wat ze beschouwden als hun kleurloze, vaak zinloze en door hun man, soms met de vuist bestierde, bestaan.

En Sevda kreeg dankzij haar beslissing om haar leven in eigen hand te nemen haar oude energie binnen een maand terug.

49

Tijdens haar bezoekuren betrok Sevda ook Gem en Priscilla in haar plannen. Als Gem en Priscilla zich in 'hun jaar' lieten omscholen tot medewerkers van het handhavingsteam, dan zou Sevda een begin maken met het opzetten van wat zij 'De Werkschool' was gaan noemen. Dat hoefde ze niet alleen te doen, want Sevda nam contact op met de secretaresse van de burgemeester. Ze had gehoord hoe zij indertijd door Zus was ingepakt en aan het werk was gezet, hetgeen geleid had tot een flinke subsidie en het overdragen van de huisjes op de Frans Halsstraat. De secretaresse was zeer vereerd dat ze kennelijk bekend en geliefd ging worden in de Schilderswijk en beloofde Sevda om zich volledig voor haar plannen in te zetten. 'Ja hoor, ze wist nog wel een wethouder die nog een potje overhad, hij was weliswaar van Monumentenzorg, maar daar kon wel een draai aan gegeven worden. En de wethouder van Cultuur, daar viel ook wel wat bij te ritselen. En hoorde ze nou goed dat Sevda in de Ambachtsschool ruimte had gehuurd? Dat viel toch onder Onderwijs, nou, die wethouder kende ze ook goed, die had vast ook nog wel een potje weg te schuiven. Daar kon de huur misschien van betaald worden. En verder moest Sevda vooral de groeten van haar overbrengen aan die ontzettend aardige vliegende non uit de Schilderswijk.'

Dat bracht Sevda op het idee om ook Zus bij haar nieuwe school te betrekken, al was het alleen maar omdat zij de Congregatie ervan kon overtuigen dat er geen betere plek was waar zij hun gebeden – die altijd geketend zaten aan donaties – naartoe konden zenden dan De Werkschool van Sevda. En omdat Zus er nu toch bij hoorde, had ze ook meteen inbreng. Er zou een interview met Sevda geplaatst moeten worden in de *Haagsche Courant*, zoals dat ook bij Zus was gebeurd. Sevda kon dan mooi haar plannen wereldkundig maken, met de financiële toezeggingen van alle wethouders erbij. Die konden dan tegelijk niet meer op hun schreden terugkeren. Dat interview moest weer door mij gemaakt worden, zei Zus. Mooie foto van Sevda erbij: knappe Turkse vrouw, donkere ogen, mooie tanden, zachte lach, alleenstaande moeder van vijf kinderen die de vrouwen van de Schilderswijk kansen wilde geven op De Werkschool. De Werkschool, ja, dat wist Sevda nu zeker, zo wilde ze haar school gaan noemen, omdat de deelnemende vrouwen hun werk als moeder en huisvrouw zouden voortzetten, maar ook zichzelf zouden ontwikkelen in vakken en vaardigheden die ze zelf hadden uitgekozen.

50

Twee weken later verscheen het interview met Sevda in de *Haagsche Courant*. Respons kwam van alle kanten. Nieuwe aanmeldingen stroomden binnen. Nieuwe ideeën ook. Pater Pi-jet bood zich aan als vaste fietsinstructeur en leraar bandenplakken. Hij kwam als eerste op het idee om de ingeschrevenen 'studenten' te noemen, dat zou De Werkschool meer aanzien geven, zei hij. De wethouder Monumentenzorg – dit horende – kwam meteen met het voorstel om een fietsroute te laten ontwerpen langs de Haagse historische gebouwen en huizen. Op die manier had hij voor 'het potje' dat hij zo genereus had afgestaan een goede dekking gecreëerd. Binnen een week werd de fietsroute weer uitgebreid met een kennismakingsroute door de verschillende Haagse wijken, inclusief uitleg door een gepensioneerde geschiedenisleraar, en een lunchstop in steeds een andere wijk, aangeboden door de gemeente. Een oproep in de krant om voor dat mooie initiatief oude fietsen af te staan, werd royaal door de lezers beloond. Een vogelaar/boomdeskundige bood aan de fietsdames onderweg te wijzen op de charme van onze natuur, en een fotograaf, die bovendien beschikte over een verzameling fototoestellen, zag het wel zitten om de liefde voor zijn vak aan de dames over te brengen. En het kon niet uitblijven, de wethouder van Cultuur stond ook het laatste stukje van haar pot af. Een actrice van Toneelgroep de Appel werd door haar bereid gevonden om één avond in de week toneel- en expressielessen te geven.

En toen was het hek van de dam. Iedereen wilde bij de school betrokken worden. Bij de krant en bij de Ambachtsschool meldden zich vrijwilligers. Mensen boden zich aan om Nederlandse taal- en computerles te geven. De wethouder van Onderwijs breidde ogenblikkelijk de bestemming van zijn potje uit. Hij zou de computers leveren en ook zorgen voor lesstof in de Nederlandse taal. Men bood tegen elkaar op. Kooklessen, naailessen. Boekbesprekingen. De dichtstbijzijnde bibliotheek zag ook brood in een goed contact, wellicht was de stichting Schrijvers School Samenleving ertoe bereid om schrijverslezingen aan te bieden? Het was een eer om rond te kunnen vertellen dat men vrijwilliger was bij De Werkschool. Er meldde zich zelfs een psycholoog, die uitlegde dat binnen afzienbare tijd al die studenten – het waren immers vrouwen die niet gewend waren voor zichzelf op te komen – een assertiviteitstraining van hem nodig hadden. Het voortbestaan van De Werkschool zou daar weleens van kunnen afhangen. Het lijstje van vakken en vaardigheden dat door de studenten was samengesteld kon door de vloed van vrijwillige (of gesubsidieerde) leerkrachten in korte tijd worden omgezet in een royaal aanbod. Toen – het was te voorspellen natuurlijk – vond iemand het tijd worden om van De Werkschool een Stichting te maken. Een Stichting met een Stichtingsbestuur. En met een 'financiële man' natuurlijk. Een oud-marineman die ook nog econoom was en vriendje van de burgemeester – dat gaf de school cachet – werd daartoe aangezocht en met veel vlagvertoon (interview in de *Haagsche Courant*) naar binnen gehaald. Staande op een podium in de aula van de Ambachtsschool werd hij toegesproken door zijn vriend de burgemeester. De secretaresse van de burgemeester stond al die tijd ook op het podium, naast Sevda, met een bos bloemen in haar hand. En toen de burgemeester klaar was met zijn toespraak en iedereen klapte, wist de secretaresse niet meer aan wie ze de bloemen moest geven, aan de burgemeester of aan de financiële man. En daarom gaf ze die bloemen maar aan Sevda. Niemand kende de financiele man en bovendien was de burgemeester slecht verstaanbaar en waren de meeste vrouwen de Nederlands taal nog niet geheel meester. Er ontstond een misverstand. De vrouwen zwaaiden enthousiast naar Sevda en begonnen nog harder te klappen, want ze dachten door die bloemen dat Sevda door de burgemeester officieel benoemd was tot directeur van De Werkschool.

51

Intussen werden Gem en Priscilla dagelijks voorbereid op hun nieuwe taak. Er werd zelfs een praktijkdag ingelast. De vriendinnen mochten met twee begeleiders en met hun instructeur een ochtend mee naar buiten om het geleerde in hun eigen wijk toe te passen. Van het 'saaie' gedeelte – zoals Priscilla het theoretische deel van hun vak noemde – bracht Priscilla niet veel terecht, terwijl Gem het juist interessant vond te weten wanneer je iemand wel en wanneer je iemand niet mocht beboeten, of alleen maar een vermaning mocht geven, of er melding van moest maken bij de politie. Dat je iemand daarbij niet een rottrap mocht geven of mocht uitschelden, vond ze ronduit belachelijk. Dat deed je toch gewoon? Dat had ze altijd al gedaan. Als ze bijvoorbeeld iemand van de derde etage eten naar beneden zag kieperen, dan was het heel normaal als je dan naar boven riep: 'Hé, hou je rotzooi bij je, vuile viezerik, we zitten niet in Turkije.' We wisten toch allemaal dat op die rotzooi ratten af kwamen? Nou, dan schold je die lui gewoon verrot, de enige manier dat ze het de volgende keer misschien niet meer deden. Nee, dat was helemaal geen racisme, dat zou ze ook doen als het een Schilderswijker was, zei ze. Vies was vies, daar ging het om. En bovendien was zij toch ook d'r leven lang verrot gescholden?

De praktische kant van de zaak, het uitschrijven van een boete, het nagaan of wel de juiste naam en het juiste adres waren opgegeven, dat lag Priscílla weer beter. Terwijl Gem in geval van twijfel meteen begon te schreeuwen ('Ja, hallo, sta je me te besodemieteren of zo, wie heet er nou Pietje Hallevezool, moet je een klap op je hoofd hebben?') liep Priscilla rustig met de persoon in kwestie mee naar huis om vervolgens, de ene sigaret na de andere rokend, wel een halfuur lang voor het huis te blijven wachten tot hij zich weer vertoonde met het gewenste paspoort of rijbewijs en het excuus: 'Sorry dat het zo lang duurde, maar ik mos effe schijtâh...'

52

Ja, ja, de dames hadden nu eenmaal niet hetzelfde karaktertje, dat was de instructeur wel duidelijk geworden, zoals hij ook had begrepen dat ze nog lang niet rijp waren om als duo te worden toegevoegd aan het handhavingsteam. En dat stond wel te gebeuren, want hun jaar was bijna om, de vrijheid naderde, maar de instructeur nam daar uitdrukkelijk niet de verantwoordelijkheid voor. 'En dat maakte het probleem evident,' zei hij. 'Ik bedoel, evident, daar zit geen woord Frans bij, ik bedoel, dat is zo klaar als een klontje.'

'Wat bedoelt die lulhannes nou?' zei Gem. 'Nou ja, ik denk dat ik toch liever weer terugga naar Truus, koffie schenken met gevulde koeken en condooms en slapen in het grote IKEA-bed. Ik heb geen zin om in zo'n handhavingspakkie rond te lopen en iedereen op de bon te slingeren. Straks wachten ze me in het donker op om me een pak op m'n sodemieter te geven. En ik kan ook Sevda gaan helpen op haar school, want Sevda zei laatst nog dat ze me hartstikke slim vond en dat ik alles snel doorhad. Maar Sevda wil wel dat ik eerst naar de dokter ga, want die rothoest, die gaat maar niet weg en Sevda is bang dat het kinkhoest is, want dat heerst, en ze wil niet dat de hele school kinkhoest krijgt.'

'Ja,' zei Priscilla, 'ik blijf voorlopig ook in het IKEA-bed bij Gem achter het kantoortje en ik ga ook een handje helpen bij Truus. Lekker bij de meiden, doe ik toch liever, stuk veiliger, ik heb ze zo gemist, die meiden. Maar ga eerst naar de dokter, want ik heb geen zin om ook kinkhoest te krijgen, daar naast jou in dat IKEA-bed.'

Dat betekende in de praktijk dat de inspanningen van Greetje, Michaël en Igor zinloos waren geweest, dat Priscilla haar oude leventje weer gewoon oppakte en dat Gem natuurlijk niet naar de dokter ging. Ze ging eerst maar eens neuzen bij Sevda en daarna was ze iedere avond in de Ambachtsschool te vinden in de functie van conciërge, of konsjersje, of konzjerzje, die Sevda voor haar vriendin gecreëerd had. Niemand wist wat de taak van een konsjer/zjersje was en niemand wist hoe je dat moeilijke, chique woord moest uitspreken, laat staan opschrijven.

Na een maand had iedereen het over Gem de Sjers en men

wist niet beter of Gem en Sevda waren beiden de baas van het spul. Sevda was dolblij met deze situatie. Haar leven was wat rustiger geworden. Ze kon werkelijk alles aan Gem overlaten en het belangrijkste was: ze had haar vriendin na een lang jaar weer terug. Er was een symbiose ontstaan tussen Sevda en Gem, een soort zwanger zijn van elkaar. Sevda hoefde Gem alleen maar aan te kijken of Gem begon al met regelen, maar wanneer door Gems te grote enthousiasme de uitvoering van een plan in het honderd dreigde te lopen, sprong Sevda op het juiste moment in en nam ze zwijgend het heft weer in handen. Een woordeloos verbond waarvan beiden profiteerden. En zo had het nog jaren door kunnen gaan.

53

Maar zo ging het niet door.

Iedereen hoorde dat Gem haar longen uit haar lijf hoestte, iedereen zag dat die magere spriet nóg magerder werd en iedereen wist precies te vertellen wat Gem mankeerde en wat ze moest doen. Om te beginnen moest ze ogenblikkelijk stoppen met roken. Dat moesten natuurlijk alle rokers doen, maar Gem helemaal, want zij pafte de hele dag door. En al jaren had ze bronchitis, en nu dus ook nog kinkhoest, dus zij moest helemaal stoppen met roken. En het was heel erg makkelijk, dat stoppen. Er waren clubs voor. Praatclubs. Die waren nog gezellig ook. De leden plakten samen nicotinepleisters en ze gingen samen naar de sauna, want daar kon je niet roken en daar verloor je door die warm-koudbaden alle giffen die in je lichaam zaten opgeslagen. Door het roken, werd er met nadruk bij verteld. Maar in ieder geval moest Gem naar de dokter gaan. Of meteen naar een longarts. Of meteen naar een ziekenhuis, was nog beter, het beste was een kankerziekenhuis, het Antoni van Leeuwenhoek. En ze moest ook geen vlees meer eten. En veel water drinken. En 's morgens een koude douche nemen. Of in zee gaan zwemmen, ook in de winter, dat deden ze bij die clubs ook samen, dat was het gezellige van die clubs, daar deden ze alles samen. En als je eerst naar een psycholoog ging, en vertelde dat je in de gevangenis had gezeten, dan kon je ook nog een subsidie krijgen voor therapie om van het roken af te komen.

'Ach, hou toch allemaal je kop,' schreeuwde Gem, 'hoe kan ik nou naar een dokter gaan, ik heb niet eens een dokter en kinkhoest krijg je gewoon over van iemand anders die ook kinkhoest heeft.' En ze ging gewoon door met roken, tweemaal zoveel roken, want ze werd gek van dat 'gebemoei' de hele dag, van iedereen.

Maar toen ging Sevda zich met haar bemoeien en die deed dat heel professioneel.

'Het zou best kunnen dat jij kinkhoest van iemand hebt overgekregen, maar dan kunnen wij het dus ook weer van jou overkrijgen. En omdat je zegt dat je geen dokter hebt, heb ik een afspraak gemaakt met de huisarts van Zus. Je kan morgen komen en ik ga met je mee.'

'Ik kan helemaal niet naar die huisarts van Zus, want hij weet dat ik dat karretje heb gepikt dat hij aan Pater Pi-jet heeft gegeven om boodschappen te doen, dus als hij mij ziet, dan slingert hij me aan m'n haren zo het raam uit.'

'Morgen om één uur heb ik afgesproken, en we gaan met de fiets,' zei Sevda.

'Dan wil ik dat Zus ook meegaat.'

'Ik zal het haar vragen.'

'En Priscilla ook.'

'Nee, dat wordt te gek.'

'Dan ga ik niet.'

Sevda zuchtte en haalde haar schouders op. 'Oké... als Priscilla wakker kan worden, dan gaat ze maar mee, maar we gaan niet op haar wachten.'

'Oké,' zei Gem en ze stak een sigaret op.

54

'Wie is de patiënt?' vroeg de dokter.

'Ikke,' riep Gem.

'Zij,' wezen de andere drie.

'De patiënt kan hier plaatsnemen, de anderen kunnen in de wachtkamer wachten.'

Gem deed of ze niks hoorde en nam meteen het woord, zodat haar gezelschap zich niet geroepen voelde om te vertrekken. 'Ik heb kinkhoest en bronchitis en zij krijgen het over, zeggen ze, dus wil ik direct pillen en een hoestdrank, ook voor hunnie, en wat ik altijd van Zus krijg als ik bronchitis heb, zo'n doosje met een kuur, en die kuur helemaal afmaken, dan is het zo over, want verder heb ik niks.'

'Ze heeft ons meegenomen omdat ze bang is dat u haar bij d'r haren grijpt en het raam uit slingert.'

'En waarom zou ik dat doen?'

'Omdat ze het invalidenkarretje dat u aan Pater Piet heeft gegeven van hem gejat heeft,' zei Sevda.

'Dat hebben we eigenlijk samen gedaan,' zei Priscilla.

'Zo, mooi stelletje zijn jullie,' zei de dokter.

'Ja, we zijn al heel lang vriendinnen. We hebben ook samen in de gevangenis gezeten,' vertelde Priscilla.

'Zo,' zei hij, 'voor dat invalidenkarretje?'

'Nee, drugs.'

'Drúgs? Gebruik?'

'Nee, smokkel,' zei Priscilla.

De dokter sprak er maar snel overheen. Hij schrok, maar richtte zich gauw tot Gem. 'En verder heb je niks?'

En omdat niemand er nu nog iets van begreep, verduidelijkte hij: 'De patiënt is bang voor mij, heeft kinkhoest en bronchitis, zit een straf uit in de gevangenis voor, ik neem aan, handel in drugs en verder heb je dus niks? Mag ik vragen naar de volledige naam van de patiënt?'

'Gemmetje Victoria.' Het klonk uit vier kelen.

De dokter duwde zijn computerstoel achteruit en stond op. 'Dus jij bent Gemmetje Victoria!' Hij stak joviaal zijn hand uit om die van Gem te schudden. 'Nou, pak dan allemaal maar een kruk of een stoel. Gemmetje Victoria... Veel over gehoord van de zuster. Altijd al gehoopt je ooit te mogen ontmoeten!'

De dokter wachtte tot het stoelengeschuif voorbij was, noteerde toen alle gegevens van Gem waarna een vluchtig onderzoek volgde. Hij keek in haar keel, constateerde een verwaarloosd gebit – maakte een aantekening en de opmerking:

‘Daar mogen wel een paar kiesjes bij.’ Hij trok haar oogleden omlaag – maakte weer een aantekening en zei: ‘Bloedarmoede, dat dacht ik wel.’ Beluisterde haar hart en longen – er volgde weer een aantekening en gemompel – voelde of de klieren in haar hals en haar lever vergroot waren en gaf vanaf dat moment geen commentaar meer, nam de bloeddruk op, mat de hoeveelheid zuurstof in het bloed met een knijpertje om haar vinger, vroeg Gem een paar maal diep adem te halen en werd toen getrakteerd op een enorme hoestbui. Gem produceerde een hoeveelheid slijm waarin ze bijna stikte. De dokter greep een plastic bakje van zijn bureau: ‘Spuug uit, álles.’

Met veel gerochel voldeed ze aan zijn bevel, want zo klonk het.

‘Alles, er zit nog meer, álles.’

Hij gaf haar een tissue en ze veegde met betraande ogen haar mond af. ‘Dat is nou die kinkhoest.’

De dokter bekeek het plastic bakje en het gezelschap dat van de stoelen was gerezen, loerde mee.

‘Getverdemme, blóéd!’ riep Priscilla.

‘Ja, dat is die kinkhoest. Dat zijn die hoestbuien, ik heb altijd bloed.’

‘Zitten jullie!’ Het geschuifel begon weer. ‘En blíjven zitten, en je nergens mee bemoeien, anders ga je de kamer uit,’ zei de dokter. Hij richtte zich weer tot Gem. ‘Heb je dat vaker, bloed met slijm?’

‘Ja, zeg ik toch, al maanden, en daar word ik doodmoe van.’

‘En misselijk?’

‘Ja, ook wel.’

‘En kortademig?’

'Zeg nou wat,' zei Sevda en ze gaf Gem een por. Maar Gem zweeg. Dus zei Sevda: 'Ja, kortademig, ze kan niet eens meer de trap op lopen. En ze piept als ze ademt.'

'En eten doet ze ook bijna niet,' vulde Priscilla aan, 'ze heeft geen trek, zegt ze. Ze eet alleen maar gevulde koeken. Moet je zien hoe mager ze wordt.'

'Dat komt door die kinkhoest,' zei Gem.

'Dat gaan we dus onderzoeken. In eerste instantie gaan we kijken of het COPD is, maar misschien komt er meer aan het licht.'

'O, wat is dat, COPD?' vroeg Gem.

'Dat wordt je verteld door de longarts. Goed luisteren, ik geef je een brief mee voor een longarts in het Westeinde Ziekenhuis. En daar ga je met één persoon naartoe. Dus niet met die hele karavaan. Met wie ga je?'

Gem keek om zich heen. Ze stak haar hand uit naar Sevda. 'Met Sevda.'

'Met Sevda,' zei de dokter en hij knikte goedkeurend. 'Het is altijd beter als er nog een tweede persoon meeluistert, de patiënt zelf is op zo'n moment vaak niet geconcentreerd genoeg. Je gaat dus met Sevda.'

'Ja.' Gem haalde diep adem en blies langzaam uit. 'En met Zus en met Pris...'

55

En zo ging de karavaan op een maandagmorgen op weg naar wat voor hen aanvoelde als het schavot: naar dokter Freeser, longspecialist in het Westeinde Ziekenhuis. Gem hoestend voorop, herhalend: 'Dat is nou die rottige kinkhoest.' Achter haar Sevda, met een tas vol zoete koekjes – de troost in angstige momenten – 'Ja, ja,' roepend en: 'We weten het zo.' Daarachter Zus en Priscilla, dodelijk ongerust, hand in hand, bondgenoten op angstige momenten. Zus prevelend, waarschijnlijk zoals op alle angstige momenten haar Here Jezus toeroepend om als de sodeju van het kruis af te komen en zijn wonderen te verrichten, en Priscilla met haar nagels blaren knijpend in de hand van Zus. Na lang wachten en bekertjes chocola uit de machine drukken – waarbij Gem een graai deed in de bak met suikerzakjes en theezakjes, zo, die waren van haar – stond daar ineens een jonge man van zeldzame schoonheid in een witte jas met korte mouwen voor hun neus. 'Mevrouw Victoria,' riep hij.

Met open mond en de bekertjes chocola nog in de hand stond het vierkoppige monster op.

'Eén, twee, drie, vier, ja, dat is me al verteld,' zei de adonis. 'Kom binnen, allemaal, en zoek een plaats. Mevrouw Victoria graag op de stoel voor mijn bureau.'

De arts keek de kring rond. Dat was dus Zus en dat was Sevda en dat was Priscilla en die op die stoel voor zijn neus, dat was Victoria. Hij leerde het maar alvast uit zijn hoofd.

'Gem, zo heet ik,' verbeterde mevrouw Victoria hem. En meteen erachteraan: 'Ik heb kinkhoest.'

Goed, dat was dus Gem. Dokter Freeser deed geen moeite om zich te ontdoen van het achtergrondkoortje. Het zou hem niet lukken, begreep hij, en bovendien, hij vond dat stel wel amusant. En wie weet voor de informatie nog wel handig ook, want die Gem leek hem een verwarde dame, dat haar alleen al, en behalve die kinkhoest hoestte ze niet veel op. Dokter Freeser legde uit dat hij samen met de huisdokter een plan had opgesteld. Er zou een uitgebreid longonderzoek plaatsvinden. Dat zou worden uitgevoerd op verschillende dagen. Als het comité zich straks even meldde bij het afsprakenbureau, dan zou Gem daar te horen krijgen wanneer en waar zij voor onderzoek verwacht werd. Natuurlijk mocht Gem een begeleider meenemen, maar het leek de dokter verstandig om te rouleren, om dus iedere keer met een ander te komen en dus niet meer met allemaal tegelijk.

'En krijg ik dan nu kinkhoestpillen?'

'Nee, vandaag is er alleen bloedafname en worden er foto's gemaakt, die gaan we eerst bekijken en dan gaan er nog een heleboel dingen gebeuren. Er wordt een longfunctietest gedaan en er worden scans gemaakt, maar dat krijg je allemaal te horen op het afsprakenbureau.'

56

Er brak een roerige periode aan. Ik werd nauwkeurig op de hoogte gehouden. Elke avond na een bezoek aan het ziekenhuis belde Sevda me op om verslag te doen. De foto's waren bekeken door de betrokken specialisten. COPD, dat was wel duidelijk, in een vergevorderd stadium zelfs. De longfunctie was nog maar vijfentwintig procent. Er werd besloten om contrastfoto's te maken. Dat leverde een teleurstellende conclusie op: in de linkerlong werd een tumor gevonden. Er volgden scans en Gem en haar groupies kregen te horen dat er geen uitzaaiingen waren, maar dat door de COPD opereren niet aan te raden was. Bestralen was beter.

'Waarom?' wilden ze alle vier weten, want zo'n tumor, die hak je er toch zo uit...

'Omdat bij een operatie de longinhoud kleiner wordt en die is al ernstig verkleind door de COPD. De ademhaling wordt dan steeds moeilijker.'

'O...' zeiden ze alle vier, ook al snapten ze er niets van.

'En krijg ik dan nu te horen wat COPD is?' vroeg Gem.

'COPD is een ernstige longziekte waarvan je niet geneest. Je longen zijn beschadigd, je luchtwegen zijn smaller, je krijgt minder zuurstof en dus heb je minder energie. Je wordt sneller moe.'

'Dus ik heb geen kinkhoest?'

'Geen kinkhoest.'

'Gelukkig maar!' Gem klonk opgelucht.

'Maar het is geen reden tot juichen,' zei Freeser.

'Is het dan toch bronchitis?'

'Nee,' zei Freeser, 'COPD en longkanker. Dat is wel genoeg.'

57

Het leven op De Werkschool ging door. Móést doorgaan, want Sevda wilde haar ijverige leerlingen niet teleurstellen, en dus kon zij niet meer als vaste begeleider van Gem bij de ziekenhuisbezoeken worden ingezet. Priscilla was niet iemand op wie Gem kon rekenen; ze versliep zich regelmatig vanwege de late avonden bij Truus. De enige op wie Gem altijd kon rekenen was Zus, die haar met haar brommertje precies op de afgesproken tijd kwam ophalen. Met Gem achterop peesde ze naar het Westeinde Ziekenhuis voor de behandeling die daar plaats moest vinden.

Gem ging eraan wennen dat ze geen kinkhoest had, maar COPD en kanker, en dat de behandelingen niet prettig waren, maar dat er altijd dokter Freeser was, die iedere keer met zijn ogen knipperde als hij dat maffe stel in de wachtkamer zag zitten: Zus die voor het gemak haar te grote bromfietshelm ophield, want waar moest ze dat ding laten, en de steeds magerder wordende Gem, met haar woeste bos haren. Freeser bemoedigde Gem en gaf haar uitleg en Zus kwam daarbij tussenbeide, besliste eventueel dat een behandeling anders moest. 'Nee, nee, dat kan ze niet meer aan, dokter, dat gaan we anders doen.' Toen er een bronchoscopie gemaakt moest worden, besliste ze: 'Maar dat gaat wél onder verdoving, Freeser, daar wil ik wel bij zijn en ík blijf ook bij haar in de uitslaapkamer.' Zus, die Gem tijdens de periode van bestralingen een eigen kamertje gaf in haar volle huis, waar ik haar een paar keer in de week opzocht. Even over haar hoofd kroelen, even zeggen dat ik van haar hou en dat ik haar het moedigste meisje vind van de hele wereld en dat ik met niemand zo kan lachen als met haar. Even tegen haar zeggen dat ik haar dood ging knuffelen, zodat ze begon te schreeuwen: 'Idioot, doe niet zo idioot, lekker zeikwijf van me.' Even ondergaan hoe liefdevol ze door Zus verzorgd werd. Als ze misselijk was en helemaal nergens trek in had, wist Zus altijd iets te bedenken wat Gems maag nog kon verdragen. En ze zag er ook niet tegen op om persoonlijk voor Gem wiet te kopen in de coffeeshop omdat ze gehoord had dat daardoor de misselijkheid bestreden kon worden. Zus, die als Gem het niet meer zag zitten, als de bestralingen haar te zwaar werden, tegen Gem zei: 'Geloof me, je wordt beter. Natuurlijk word je beter, we hebben je nodig, je moet Sevda helpen, je moet weer zo gauw mogelijk aan de slag. Maar je moet me wel even tijd geven om voor je te bidden, want je weet, ik heb een lijntje met De Grote Regelaar hierboven.'

58

En dan ineens dat telefoontje van Ard. De onkreukbare Ard, de spullenbaas van ons opvanghuis, die het altijd respectvol over zijn 'cliënten' had, terwijl wij, de hulpverleners, ze als kleine crimineeltjes – nou ja, het is toch zo, ze jatten toch de hele boel bij elkaar, nou ja, niet allemaal natuurlijk – in onze harten sloten. Ard wilde mij spreken. En het kon niet wachten, want het ging om onze Gem. En om haar zoon. En dus om de zoon van Guus. En daarom had Ard het al met Guus besproken. Het klonk onheilspellend en dat zei ik hem ook, maar hij wilde telefonisch verder geen uitleg geven. Hij wilde een afspraak met mij, zo snel mogelijk.

Mijn stamcafé was daar geschikt voor. 'Omdat jij het niet deed, heb ik het maar gedaan,' zei Ard en ik proefde een licht verwijt in zijn toon.

'Wat?'

'De Fiom, of hoe heet die club, ik heb ze maar weer eens geschreven. Nu Gem zo ziek is, dacht ik: dat liedje van die kleine kannibaal was voor ons toch een aanwijzing. Waar we niks mee gedaan hebben, overigens. Jíj niet, bedoel ik.'

'Raadselen, je spreekt in raadselen. Wat bedoel je met Fiom?'

'Dat is die club die afgestane kinderen opspoort. Of juist het omgekeerde, dan zoekt een kind z'n moeder en zij helpen daar dan bij. En jij weet net zo goed als ik dat Gem schreeuwt om haar moeder. Ze hebben jarenlang geroepen dat ze geen informatie loskregen van de kinderbescherming en jeugdzorg. Alle papieren waren vernietigd enzovoort. Maar nu is er duidelijk een kentering. Nu krijgen ze van alle kanten wél gegevens los.'

Het begon me te dagen. 'Je bedoelt "afgepakte" kinderen, niet "afgestane".' Ik had inderdaad meerdere malen pogingen gedaan om Gems moeder op te sporen en was ermee opgehouden toen resultaten uitbleven en ik bovendien van Gem weinig medewerking kreeg. Soms werd ze zelfs boos op me en werkte ze tegen.

'Laat dat mens toch zitten,' zei ze. 'Als ze zelf geen moeite voor me doet, wordt het toch niets tussen ons.'

'Wie zegt dat ze zelf geen moeite doet, ze loopt misschien net als ik met haar kop tegen een muur.'

'Ik wil dat je ermee ophoudt!'

Ik keek Ard onderzoekend aan. 'Is het je gelukt om haar moeder te vinden?'

'Ja...'

'Néé...'

'Ja, ten dele...'

'Leg uit...'

En toen veranderde Ard van mijn goede vriend en grote steun weer in de onkreukbare coördinator van ons opvanghuis, de man die alle feiten kende en controleerde en ze als een advocaat in het belang van zijn cliënt toepaste. In korte zinnen, bijna emotieloos en correct schetste hij mij de stand van zaken van dat moment.

'Ja, ja, ik ken dat verhaal.'

'Ja, ja, maar ik ga het je toch onder je neus wrijven, want misschien heb je wel te vroeg opgegeven.'

Het was 'ten dele' omdat Gems moeder verleden jaar was overleden. De moeder had drie zusters en vijf broers. Haar man en haar jongste zuster hadden haar wens om haar dochter te vinden en haar vergeving te vragen van haar overgenomen. Ze schreven een brief aan minister van Justitie Van Agt en legden hem uit welke horror zich jaren eerder had afgespeeld op de boerderij vlak bij zijn woonplaats. De zeventienjarige dochter was zwanger geraakt en, om de eer van de familie te redden, door haar ouders naar de nonnen gebracht. Toen haar dochtertje werd geboren, oordeelde jeugdzorg dat de moeder te jong was om het kind te verzorgen en bovendien geen financiële middelen had. Terug naar huis konden ze ook niet, want dan zou alsnog de schande bekend worden. Daarom werd het kind tegen de zin van de moeder – na twee dagen – weggehaald, en jeugdzorg heeft nooit willen vertellen waar ze naartoe was gebracht. Het enige wat ze loslieten was dat het in het belang van het kind was en dat ze in een 'ordentelijke, katholieke omgeving zou worden opgevoed'.

De man en de jongste zus van de moeder riepen de hulp

in van Van Agt, en hij besloot om zich persoonlijk voor de zaak in te spannen. Hij zocht de familie op, sprak lang met de man en de jongste zus en was diep geraakt door het verdriet dat de hele familie al jarenlang door deze geschiedenis met zich meedroeg. Gem werd gevonden door haar opvallende naam, die in de media werd genoemd in de artikelen over het misbruik van psychiater Finkensieper. Gemmetje Victoria en haar vriendin Priscilla Vanilla hadden de psychiater bij de politie aangegeven. Zij waren 'De meiden van Zetten'. Van Agt had een vroegere medewerker gevraagd om de meiden van Zetten op discrete wijze op te sporen, want dat ene meisje van Zetten heette Gemmetje, een niet veelvoorkomende naam, en dat verloren kind van die boerenfamilie heette ook zo. Wie weet... misschien... Die medewerker had al eerder als een detective wonderen verricht door contact op te nemen met de Knipseldienst, een bureau dat was opgericht door een liefhebber die alle berichten uit de kranten en weekbladen knipte en op de vermelde naam in zijn archief opsloeg. Via via was de medewerker bij Ard terechtgekomen. Min of meer bij toeval, want het opvanghuis was geopend in het jaar 1974, het jaar dat de meiden van Zetten hun nek hadden uitgestoken en gevlucht waren om hun hachje te redden. Was Gemmetje Victoria misschien gevlucht naar dat opvanghuis in Den Haag? Veel mogelijkheden waren er in die tijd nog niet voor 'vluchters'.

'Dat laatste stuk van het verhaal kende je nog niet. Sorry.' Hij zag dat het mij aangreep.

Ard had Guus ingezet en Guus had eerst Gem op de hoogte gebracht en vervolgens met haar toestemming een bezoek gebracht aan de familie van haar moeder. Een uurtje praten had Guus overtuigd: Gem en haar familie zouden de kans moeten krijgen om het drama van toen voor elkaar draaglijk te maken. Guus stelde voor dat hij met Gem en Dicky naar hen toe zou gaan.

Maar waarom nú, was het eerste wat ik dacht. Gem zat midden in haar bestralingen. Ze was verzwakt. Lichamelijk, maar ook psychisch. Ze huilde veel, geloofde zelf nauwelijks in haar genezing. Konden we haar met nóg meer emoties belasten? Mochten we dat? Was uitstellen tot na de bestralingen niet beter?

Het was weer Guus die de juiste richting aangaf. Dat deed hij wel vaker op kritische momenten. Hij hield Gem voor dat Dicky er een grote familie bij zou krijgen wanneer ze deze kans aangrepen.

'Dicky vraagt naar je, ik wil met hem bij je komen,' zei Guus.

Maar Gem hield de boot af. Dat kon pas als ze geen bestralingen meer hoefde. Ze zag er te ziek uit. Dat wilde ze het kind niet aandoen. Waren Pien en Nellie goed voor hem? Speelde hij nog veel met Mehmet?

'Dan kom ik alleen,' zei Guus, 'vanavond.'

59

Wat zich tussen die twee afspeelde, zal niemand weten, maar het was duidelijk dat Guus haar op de hoogte had gebracht van de bevindingen van Ard, maar ook van de positieve indruk die hij zelf van de familie had gekregen. Vanaf dat moment kwam Guus iedere avond even langs en de eerstvolgende keer dat ze naar het ziekenhuis moest, ging hij met haar mee. Zus zag alles gebeuren, deed een stap opzij, bleef voor Gem zorgen en vroeg niets.

Op een avond zei Gem tegen Zus: 'Ik ga met Guus en Dicky naar mijn familie. Ze weten wie ik ben, maar vooral wie ik geworden ben. Guus heeft ze alles verteld, ook van de gevangenis, en ze willen me graag ontmoeten. Het is goed als ik ze zie. En dat Dicky ze ziet. Zij zijn de familie die hij erbij krijgt.'

'Dat is zo,' zei Zus.

'En ik heb tegen Guus gezegd dat ik Nellie weleens wil ontmoeten, maar niet met Guus erbij. Alleen Nellie en ik. Ik ga wel zelf een keer naar die autozaak waar ze werkt. En Guus heeft me haar telefoonnummer gegeven.'

'Is goed,' zei Zus en ze vroeg nog steeds niets.

60

De dagen erna bleef ik Gem opzoeken zoals ik gewend was te doen, om de twee, drie dagen. Soms trof ik Guus en Dicky bij haar aan. Net als Zus vroeg ik niets. Het moest van Gem komen. Maar misschien wilde ze het alleen voor Guus, Dicky en zichzelf houden.

Op een avond zei Dicky tegen mij, zonder op te kijken van zijn tekening: 'Ik heb nóg een oma, die ga ik zien, maar ze is dood, jammer, hè?' En hij ging gewoon door met tekenen.

Het was dat kleine zinnetje dat Gem over de streep trok. Ze

moest er verschrikkelijk om lachen. 'Hij wil een dooie zien!'

'Nee, ik wil mijn oma zien. Ik wil nóg een oma hebben.'

'En is een tante-oma ook goed?' vroeg Guus.

'Ja hoor, is ook goed, maar ik noem haar wel oma.' En al weer tekende hij verder zonder op te kijken.

61

De dag dat ze vertrokken was er 's morgens nog even wat gedoe. Gem stond al vroeg klaar. Ze was eigenlijk onbegrijpelijk rustig voor iemand die zo'n belangrijke dag wachtte. Zus daarentegen – altijd de rust zelve – liep zenuwachtig heen en weer om nog van alles in een grote boodschappentas te proppen. Toen Guus met zijn grote auto voor kwam rijden, was Zus de eerste die met haar volle boodschappentas naast Dicky's plaats achter in de auto stapte. Niemand zei iets. Iedereen dacht: Wat krijgen we nou? Ze gaat toch niet mee?

Zus, die de verbaasde gezichten zag, zei: 'Jawel, ik ga wél mee, want de oma van Dicky wil vergeving vragen en dat is een serieuze zaak, een kerkelijke zaak, daar moet je niet te licht over denken. Vergeving is iets wat door twee partijen actief moet worden beleefd. De partij die vergeving vraagt moet zich deemoedig opstellen en de partij die vergeving geeft, moet weten dat hij net een geschenk heeft gekregen dat hij groots en in dank terug mag schenken. Ik wil die vergeving mijn zegen geven. Als meneer Van Agt dat hoort, zal hij dat zeker goedkeuren. En jullie zullen dit ook heel goed begrijpen. Nou, kinderen, rijden dan maar.'

62

'Wat gebeurt...' zei Gem, toen ze 's avonds Priscilla op bezoek kreeg. Ze sloeg met haar vlakke hand op haar bed en Priscilla dook meteen bij haar onder de dekens. Als de twee meiden van Zetten klampten ze zich aan elkaar vast, zenuwachtig giechelend, want Gem had zoveel beleefd die dag, haar vriendinnetje Pris was de enige aan wie ze dat lekker opgeklopt uit kon kramen. 'Wat gebeurt...'

Tot en met meneer Van Agt had Gem Priscilla bij kunnen praten. En dat Gem met Dicky en Guus naar de familie zou gaan was Priscilla ook bekend. Maar dat Zus met haar volle boodschappentas zich tot hoofdpersoon had weten te promoveren, was haar nog niet ter ore gekomen.

'Vertel, vertel,' riep Pris. Ze klapte opgewonden in haar handen en grabbelde in haar tasje naar haar sigaretten plus aansteker. Kussens in hun rug, een flinke trek van de sigaret en dan daar een verhaal bij. Lekker!

Gem begon met wat haar kennelijk het meest had getroffen die dag. Ze begon met de volle boodschappentas, waarover Zus de hele heenweg waakte. Bij iedere schok die een oneffenheid op de weg veroorzaakte, riep ze angstig: 'Voorzichtig, alsjeblieft, er zit breekbaar en zéér waardevol spul in!' Ten slotte nam ze de tas op schoot en koesterde ze hem alsof het een net ontvoerde baby was. Op de vraag wat er toch in die tas zat, gaf ze vage antwoorden. 'Ja, niet nú, dat zie je straks, is héél belangrijk,' en dan keek ze met tot spleetjes geknepen ogen, als de-vrouw-met-het-geheim, weer voor zich uit.

Uitstappen gebeurde ook zéér voorzichtig. Bij het begroeten van de familie – die en masse was aangetreden, en tot vreugde van Dicky ook uit veel stoere jongetjes met waterpistolen bestond – kreeg de tas ook meteen de volle aandacht. Een stevige zoon die beleefdheidshalve de tas van Zus wilde overnemen om naar binnen te dragen, kreeg nog net geen draai om z'n oren.

'Nee, jongeman,' zei Zus snibbig, 'ik wil hier graag zelf het oog op houden.' En dus sjouwde ze zelf de tas het huis in, met de jongeman achter haar aan, liep door de lange gang en sloeg op goed geluk een kamer in, in de hoop dat daar wel een grote tafel zou staan waar ze haar tas op kon neerzetten. Zo, daar had ze een plekje voor gevonden. Nu nog uitpakken, maar dat kon pas gebeuren als iedereen zich in een halve cirkel voor de tafel had opgesteld. En niet te dicht bij de tafel, vooruit, iets naar achter jullie, en de belangrijkste mensen vooraan. Gem vooraan. En oma ook vooraan. Wie is tante hier? Tante-oma? De jongste zus van de moeder van Gem dus? Ook vooraan. Maar aan de andere kant van Zus graag.

'En wat gebeurt?'

De tas ging open en Zus trok er eerst een grote lap uit, een soort tafelkleed met veel kant, die ze eerbiedig over de tafel uitspreidde en gladstreek. Het leek wel op een altaar. Vervolgens haalde ze er een bos plastic bloemen uit, die meteen op de grond kletterde, en toen de jongeman toeschoot om hem op te rapen, was daar meteen het handje van Zus en het vinnige stemmetje dat 'afblijven!' riep. Jongeman terug in het hok. Het hele gezelschap deed een stap achteruit. Maar even later weer een stap vooruit, nieuwsgierig naar wat er nu weer uit die tas tevoorschijn zou komen. Twee zevenarmige kristallen kandelaars, die meteen werden geïnspecteerd, of ze niet gebroken waren – nee, gelukkig niet – en witte kaarsen die door Zus met zorg in de kandelaars werden gezet en daarna hun plaats kregen op de hoeken van de tafel. In het midden van de tafel kwam het bijbeltje van Zus te liggen, geflankeerd door de plastic bloemen in kleine vaasjes. Waxinelichtjes, door Zus uit de tas gevist, vormden een krans om de bijbel. O ja, ook nog wierookstokjes die in halve aardappelen waren geprikt. Nog even alles wat kaars en wierook was aansteken met de grote lucifers uit de tas, aaitje over de bijbel... Zo, dat was het wel. De tas verdween onder de tafel, kreeg nog een trap na en Zus ging met gevouwen handjes en gesloten oogjes voor de tafel staan prevelen. Hier en daar prevelde er iemand mee. Maar dan gingen de oogjes van Zus weer open en keek ze de prevelaar vinnig aan, net zo lang tot hij zijn mond hield. Prevelen was nu eenmaal een privilege. En daarna kon het circus beginnen. Zus herinnerde het gezelschap eraan dat hier een grote familie in vrede bijeen was gekomen om vergeving te vragen en te geven en dat zij, zuster van de Congregatie van de Zusters van Liefde, speciaal was meegekomen om deze gebeurtenis de zegen van de Vader mee te geven.

'Ja,' zei Gem, 'en toen begon tante – oma Tina, want zo heette ze – een beetje ontroerd te snotteren en niemand verstond meer een woord van wat ze zei, want ze had ook nog een dialect, maar het moet wel zoiets zijn geweest als: "Neem me niet kwalijk dat de nonnen je met die vrouwen van de jeugdzorg hebben meegegeven, daar hebben we echt een hoop spijt van met z'n allen." En toen zei ik weer: "Ach mens, trek het je maar niet meer aan." Nou, dat had ik beter niet kunnen zeggen, want toen ging die Tina van snotteren ineens over op keihard huilen en ze liet zich opeens met haar volle gewicht om mijn hals vallen zodat ik bijna omlazerde en ze liet me maar niet los. Ik hoorde haar "o, o, o" in mijn hals snuffen en ik voelde haar snot in mijn nek sijpelen en ik kon me maar niet losmaken van die engerd. Maar het ergste was dat die oma Tina kennelijk het sein had gegeven aan de rest van de familie dat ze zich boven op me konden storten, ook snotterend en o, o, o roepend en op mijn achterhoofd en rug kloppend. Ik moest denken aan een voetbalwedstrijd, als iemand een goal had gemaakt, dan stort dat hele team zich ook boven op die goalzetter. Of nee, nóg erger, het leek wel een groepsverkrachting, maar dan van allemaal wijven, hysterische wijven die zich aan je vergrijpen. Nou, ik kreeg weer dat gevoel van zuurstoftekort dat ik wel vaker heb, en een ontzettende angst, want ik stikte bijna, ik voelde me aangevallen door dat stelletje gekken, ik dacht: familie, dat is hetzelfde als een stelletje gekken, ben ik even blij dat ik geen familie heb, hoe kom ik hier weg? En ik sloeg om me heen en toen kwam er gelukkig een stevige vent en die haalde die hele kluwen van me af, nou, ik kon tegelijk weer mijn haren opkammen, ik zag er gewoon niet meer uit. En wat er toen gebeurde... Ik weet alleen dat Zus toen de leiding ging nemen met d'r bijbel. Ze las met haar bijbelstem een stukje voor dat op vergeving sloeg en iedereen werd daar weer kalm door en Guus kwam me een glaasje water brengen en toen zei ik tegen oma Tina: "Kan je me misschien nog wel vertellen wie mij deze wonderlijke naam Gemmetje heeft gegeven?" Ik zei dat heel hard, iedereen kon het horen. En toen staken er zeker drie vrouwen van verschillende leeftijd, maar allemaal met dat ruige haar dat ik heb, hun vinger op, en ze zeiden dat ze ook Gemmetje heetten, want dat dat een familienaam was, maar dat ze van Victoria geen sjoege hadden. Maar toen stond er ineens een wat oudere vrouw van een stoel op. "De naam Victoria heeft ze nog van haar moeder gekregen," zei ze. "Gemmetje Victoria. Haar moeder zei dat ze zeker wist dat ze zich overal doorheen zou slaan met een naam die overwinning betekent."

En toen begon er iemand voorzichtig te applaudisseren en de anderen vielen haar bij en ze riepen "Victoria! Victoria!" En toen moest ik huilen en een heleboel anderen ook. En toen wilden ze waarachtig weer met z'n allen om mijn hals gaan hangen, maar ik begon te gillen en daar schrokken ze van. Guus stond ineens naast me, z'n arm om me heen, om me te beschermen of zo. Nou, en daarna gingen ze allemaal koffie met taart eten en daarna praten met mij en met elkaar, en Guus, die vond iemand die dezelfde auto had als hij en die had nog een zijspiegel over voor Guus, want daar had Guus een barst in, dus mijn familie kon niet meer kapot, en Dicky had meteen zes nieuwe neefjes met waterpistolen met wie hij ging hollen en duwen en schreeuwen en door wie hij werd uitgenodigd om in de vakantie te komen logeren. Bekaf was ik. Maar het zijn wel rotnonnen die me zomaar aan jeugdzorg hebben meegegeven.'

'Ja, rotnonnen,' beaamde Priscilla.

'Niet alle nonnen zijn rotnonnen natuurlijk. Maar dat waren rotnonnen.'

'Ja, dát waren rotnonnen.'

'Zus en Truus zijn natuurlijk geen rotnonnen,' zei Gem, 'dat komt, die zijn van de Congregatie Zusters van Liefde.'

'Ja, als je van de Congregatie Zusters van Liefde bent, dan ben je geen rotnonnen,' zei Pris stellig.

'Rótnonnen zijn het...'

'Ja, rotnonnen, maar niet Zus en Truus.'

'Dat hoor je mij toch niet zeggen! Balk me toch niet de hele tijd na, ga nou maar mijn bed uit, békaf ben ik.'

63

Doodmoe was Gem. Ze hoefde nog maar twee bestralingen te ondergaan en voor de week erna stond een evaluatiegesprek met dokter Freeser gepland. Maar na haar familiebezoek was ze te moe. Ze lag bijna de hele dag in bed, wimpelde elke hap eten af, dronk nauwelijks en wilde ook niet meer achter op die rotbrommer van Zus naar het ziekenhuis. Ze wilde Zus met d'r toetjes ook niet meer zien. Guus moest komen. Hij moest haar met zijn auto met nieuwe spiegel naar het ziekenhuis brengen.

'Wat is dat, een evaluatiegesprek?' vroeg ze aan Freeser, toen ze met Guus bij hem binnenstapte.

'We kijken hoe het ervoor staat, hoeveel kleiner de tumor is geworden door de bestralingen. Met een team van artsen bekijken we de foto's en overleggen we over hoe wij denken over je kansen in de toekomst. Dat gaat heel secuur allemaal. En natuurlijk bekijken we ook op welke wijze we je verder gaan behandelen en dat ga ik dan met jou verder bespreken.'

'O já?' zei Gem, enigszins argwanend, 'nou, daar heb ik het niet zo op. Dat geklets achter mijn rug. Ik ben allang beter, alleen een beetje moe, ik hoef niet meer behandeld te worden. Dat komt door die zegeningen van Zus en door mijn familie die ik ineens heb en die nieuwe oma Tina van Dicky, die hartstikke aardig is en steeds vraagt of Dicky komt spelen en logeren, en zijn broertjes bij Nellie mogen ook mee en zijn vriendje Mehmet ook en ze krijgen allemaal ook een waterpistool. En als het oudjaar is mag ik iedereen meenemen voor een groot vuurwerk, ook Pien en Guus en Nellie en Sevda en Pris, en natuurlijk Zus en als je wilt mag je ook mee, Freeser.'

Freeser, inmiddels door Gem geheel op de hoogte gebracht van de ins en outs van haar leven, inclusief de bijbehorende namen (Van Agt, die Gem had vereenvoudigd tot 'meneer Ach-Ach', had ze intussen ook tot groupie gebombardeerd) liet zich met groot plezier bijpraten over de familieontwikkelingen en festiviteiten van de laatste weken. Hij verloor daar echter niet zijn geleerde kop bij, want zo tevreden als Gem zich uitsprak over haar welbevinden, zoveel zorgen maakte hij zich over de gezondheidstoestand van zijn patiënt. Dat ging toch echt de verkeerde kant op met haar. Gem was tijdens de bestralingsperiode ruim tien kilo afgevallen. Ze zat daar voor hem met een teer, wit smoeltje onder haar getoupeerde haren en met kringen onder haar diepliggende groene ogen, waar de angst van afspatte. En dan verklapte Guus ook nog eens dat ze nog steeds nergens trek in had en alles wat Zus voor haar klaarmaakte gewoon in de vuilnisbak kieperde. Freeser tikte meteen op zijn computer een recept in voor astronautenvoeding en overhandigde dat aan Gem.

'Eerst maar eens even uitrusten en deze flesjes drinken, chocola en banaan vind jij vast het lekkerst. En dan kom je over twee weken kom je maar weer langs.'

64

Die flesjes waren een gouden greep. Gem dronk er vier op een dag. De chocola. Na een week ging ze op de weegschaal staan en was ze twee kilo aangekomen. Dat kon zo niet doorgaan natuurlijk, want dan werd ze moddervet. Nou ja, nog één weekje die flesjes, maar dan ging ze toch weer gewoon bij Sevda aan de slag als 'Gem de Sjers'. Ze had die meiden daar erg gemist en ze was niet ziek meer, ze kon weer gewoon roken zonder te hoesten, nou ja, zonder zo erg te hoesten, dus was ze niet ziek. En die meiden waren zo blij dat ze haar weer zagen en dat ze geen kinkhoest had die ze van haar konden overkrijgen! Konden ze weer lekker met haar lachen, o, dat hadden ze zo gemist, dat lachen met Gem, die vrolijke kop van haar! Ja, ze was wel afgevallen, zeg. Ze moest wel even een beetje dooreten, zeiden ze. Maar ze was toch weer helemaal beter, toch? Nou ja, wel een beetje moe was ze nog, wat vroeg naar bed voorlopig, maar ze kon echt alles weer, en terug naar die Freeser, dat hoefde ze ook niet meer. Het was een drol van een vent en een schoonheid ook, maar om haar na twee weken weer terug te laten komen terwijl ze niks meer mankeerde, dat was toch wel een beetje overdreven. Dat riekte naar geldklopperij.

De week daarop was ze weer twee kilo aangekomen. Ja hallo, daar kapte ze mee, geen flesjes meer, maar wat dan? Brood kon ze bijna niet door haar keel krijgen. Slikken ging moeilijk, dat had ze nooit eerder gehad. Brood bleef ergens in haar keel hangen. En warm eten, daar moest ze van kotsen. Heel vervelend, nou ja, dan toch nog maar een weekje die flesjes drinken, maar naar die Freeser ging ze niet meer. Die had haar toch lelijk te pakken genomen met dat bestralen. Dat had hij weleens van tevoren mogen zeggen, dat ze daar zo moe van zou worden. Dan had ze dat nooit gedaan. Maar ze liet zich niet meer bestralen, wat een ellende, helemaal niet nodig, want ze was helemaal beter nu, alleen een beetje moe, maar dat zou wel weggaan over een paar weekjes, voorlopig even als vanouds bij Sevda 'Gem de Sjers' zijn.

65

Het ging als een lopend vuurtje door de wijk: Gem de Sjers was weer terug op De Werkschool en ze had geen kinkhoest meer. Ze mocht dan mager zijn geworden, maar ze bulkte weer als vanouds van de ideeën. In de bijkeuken die niet meer gebruikt werd, wilde ze een kledingwinkel openen. Een winkel met miskopen die je daarnaartoe kon brengen zodat ze weer verkocht konden worden. Uiteraard waren dat nieuwe kleren, waarvan je spijt had dat je ze gekocht had en die je nooit gedragen had. Gem had in de huizen waar ze sliep en geslapen had kasten vol miskopen. In de kamer achter het kantoortje, bij Truus en bij Zus en zelfs bij Pien hingen in een kast nog miskopen. De reden was dat haar gewicht voortdurend schommelde tussen de veertig en vijftig kilo – dat zei ze tenminste – maar waarschijnlijk was de voornaamste reden dat het kopen van kleren haar plezier gaf. Zolang ze in de winkel stond tenminste. Stond ze eenmaal buiten, dan overviel haar het gevoel van eenzaamheid dat bij haar hoorde en wist ze niet hoe gauw ze haar 'ouwe kloffie' weer aan moest trekken. Daarin voelde ze zich thuis, herkende ze zichzelf, de ouwe Gem, die kleine kannibaal.

Dat ze juist nu, op het moment dat ze bij een familie hoorde, besloot dat ze beter was en weer Gem de Sjers kon gaan spelen – en afstand wilde doen van haar miskopen – kon ik goed begrijpen. 'Gem, ik ga je helpen,' zei ik. 'Stap in mijn auto, we sleuren al je kasten in al je slaaphokken leeg, we strijken al je jurken, jasjes en sjaaltjes en hangen ze op in je nieuwe winkel. We verpatsen de boel. Weg met dat oude leven! Mijn lieve Feniks, je bent weer herrezen uit je as.'

Ze begon in de winkel met één rek. Dat was al gauw te weinig. Nóg een rek erbij en nóg een, en na een week hing de winkel vol met Gems miskopen. Over de naam van de winkel hoefde niet lang te worden nagedacht. Dat werd vanzelfsprekend De Miskoop. De miskoopjes van Gem waren natuurlijk flink verkreukeld geweest, want ze hadden jaren te dicht op elkaar gehangen of in een vuilniszak gezeten, maar met een strijkijzer had ik wonderen verricht. Bij het bekijken van de wasvoorschriften aan de binnenkant, had ik de namen van de merken of de modezaken gezien. De Bijenkorf, Maison de Bonneterie. Toe maar! Soms ook de namen van modeontwerpers. Bekende modeontwerpers zelfs. Edgar Vos. Frans Molenaar. Dick Holthaus. Max Heymans. Fong Leng. Eerst had ik het nog niet door, maar toen ik een jurk met het label Puck & Hans in handen kreeg, ging er plotseling een lichtje bij me branden. Puck & Hans, toen nog in de Prinsestraat in Den Haag, was onbetaalbaar. Maar toen ik voor een boek een prijs kreeg, vond ik dat ik me wel een uitspatting kon permitteren. In een jurk van Puck & Hans ging ik naar het Boekenbal om de blits te maken. Potverdikkie, die jurken van Gem, dat waren geen miskopen, die had ze gejat. En die zogenaamde miskopen liep ik met mijn stomme kop te strijken en netjes in rekken te hangen.

'Nou én,' riep Gem, 'wat maakt dat uit, gejat of door een verkoopster aangesmeerd? Ik heb ze toch nooit aangehad? Ze kunnen toch beter dáár hangen dan in een kast zitten of in een zak met strakkies de mot erin? We hangen er een zacht prijsje aan, vijf gulden, een kópie, cadeautje voor Moederdag, weer iemand blij! Het is toch zeker een schande dat zulke jurken alleen maar te betalen zijn door de jetset. Voor duizend gulden of meer hangt zoiets aan iemands lijf, terwijl de halve wereld crepeert van de honger en kapot wordt gemaakt door de kinderarbeid. Ik verricht een goeie daad als ik ze hier in het rek hang. Ik maak mensen gelukkig!'

Waarschijnlijk hadden ze er in de hele buurt spijt van dat hun kasten vol miskopen hingen, want De Miskoop liep op rolletjes. De aanbieders meldden zich bij bosjes. Ze mochten zelf de prijsjes van hun miskopen (onder de tien gulden) vaststellen en konden als ze verkocht waren een tegoedbon ophalen waarvoor weer kleding gekocht kon worden bij De Miskoop. De Turkse bakker haakte daar meteen op in: bij hem kon je speciale Miskooptaarten bestellen – Miskoopnotentaart en Miskoopkokoscake en Miskoopspinazietaart met kip en Turkse kaas – alles met aftrek van een tegoedbon van De Miskoop van vijf gulden per taart.

66

Priscilla werd ook aangestoken door de miskooprage. Ze bood aan om DE MISKOOP op de muur boven het raam te laten spuiten. Door een vriend van haar, die ze zéér bewonderde, een graffitikunstenaar die heel mooi graffitiletters – met schaduw – kon spuiten met eersteklas, superdure lak. Dat deed hij ook voor superdure winkels voor een bom duiten, maar voor Priscilla deed hij het wel gratis. Iedereen was enthousiast. Ja! Graffitiletters zoals op het viaduct van de Waldorpstraat, die gingen er van z'n levensdagen niet meer af!

Nou waren de vrienden van Priscilla meestal wat wankel op de benen. Of dat nu door de alcohol of de drugs kwam was nooit zo goed te achterhalen. Maar je kon ze beter niet op een ladder laten staan, en dat was wel nodig om bij de muur boven het raam te kunnen komen. De kunstenaar had wel een ladder bij zich, maar dat was een gammel exemplaar met een rechterpoot die korter was dan de linkerpoot en dus verlangde hij twee pilaren als steun. Dat mochten ook Gem en Priscilla zijn die aan weerszijden zowel de ladder als zijn wankele benen moesten vasthouden. Op zich een onmogelijke opgave voor de dames, want ze hadden beiden al één hand gereserveerd om hun sigaret mee vast te houden. Maar goed, het ging. De letters vorderden. 'Prachtig!' werd er steeds door het aangroeiende publiek geroepen. Wat mooi en wat een mooie, hippe, roze kleuren en wat een mooie schaduw en wat zijn die letters mooi groot! Van ver was al te zien dat daar De Miskoop was! Zo, klaar was De Miskoop!

Maar niks klaar! De wankele kunstenaar wist van geen ophouden en zette er nog een T achter, dus stond er DE MISKOOPT. De taalgevoelige Gem had het als eerste in de gaten. 'Hé joh, wat doe je nou?' schreeuwde ze. 'Je zet een T achter MISKOOP, nou staat er MISKOOPT!' en ze begon aan de ladder te rammelen. Omdat hij niet reageerde, begon ze nog harder te schreeuwen: 'Hé, klojo, die T moet eraf, het is DE MISKOOP en niet DE MISKOOPT. Haal die T eraf!'

De kunstenaar stond een poosje verdwaasd naar zijn creatie te kijken. Toen zei hij traag: 'Het is toch miskoopt, toch niet miskoop...'

Hij kreeg direct bijval van Priscilla: 'Ja, natuurlijk, het is toch ook Joop loopt en niet Joop loop. En Joop rijmt op miskoop, dus is het ook miskoopt.'

'Haha,' lachte Gem schel, 'daar heb je haar weer, wat een logica! Doet net of ze iets van de taal weet. Je kan geen woord goed schrijven.'

'O nee? Jíj hebt schrijven geleerd, van wie dan?'

'Van mijn derde pleegvader, die was onderwijzer.'

'O díé, die jou verkracht heeft.'

'Ja, maar hij heeft me ook leren schrijven. En jij kan niet rekenen ook. Jij weet niet eens dat twintig min één negentien is.'

De Turkse bakker, die zich intussen bij het gezelschap had

gevoegd, vond het tijd worden zich er ook mee te bemoeien. 'Is nie koopt, is koop, is ik koop, is ik miskoop, is nie ik miskoopt en is Joop koop en Joop loop.'

'Ja zeg, mafkees, hou jij je snavel nou maar, met je "ik miskoopt", die T krijgen we er nooit meer vanaf, dat is een graffitispuitbus beste kwaliteit, de hele stad zit er vol mee, dat gaat er nooit meer af, dat blijft DE MISKOOPT.' Gem zag haar levenswerk, een eigen miskoopwinkel, in duigen vallen. Hoog tijd om dat stelletje taalbarbaren een lesje te leren. 'Natuurlijk is het Joop loopt, maar dat heeft niks te maken met een miskoop. En weet je wat jíj moet doen, Jopie-Turk, je moet je vrouw op Nederlandse les zetten bij die club van Sevda op De Werkschool, dan praat ze ook eens een keer Nederlands.' Op van de zenuwen liet ze de ladder los om een nieuwe sigaret op te steken. Priscilla kon het gewicht niet tegenhouden en de kunstenaar gleed langzaam haar kant op. De Turkse bakker greep met beide handen de ladder vast terwijl hij riep dat hij tienduizend flyers had laten drukken om reclame te maken voor zijn Turkse Miskooptaarten zonder T erop en hij balde zijn woedende vuisten naar de wegglijdende kunstenaar – moest de ladder dus wel loslaten – en riep dat die kunstenaar maar moest zorgen dat die T van DE MISKOOPT eraf ging.

'Maar dat kan dus niet,' blèrde Priscilla, 'dat hoor je toch, meneer de Joopkoop, dat is eerste kwaliteit spuitverf. Kijk uit, kijk uit, pas op, gríjp 'm, daar gaat-ie.'

Maar voor grijpen was het al te laat, het was al gebeurd: de kunstenaar lag op zijn rug op de grond, met zijn spuitbus en zijn ladder op zijn benen.

Priscilla boog zich geschrokken over hem heen. 'Hij heeft zijn ogen dicht. Hij is dood.'

Gem zakte meteen door haar knieën en hield haar gezicht vlak bij de kunstenaar. 'Ademt hij? Zie jij hem ademen?'

De bakker deed meteen een stap achteruit. Straks gaven ze hem nog de schuld.

Priscilla legde haar oor tegen zijn lippen. 'Ik hoor niks, volgens mij is-ie dood.'

'La-mij even,' zei Gem en ze duwde Priscilla opzij om ook haar oor bij zijn lippen te houden. 'Ik hoor gerochel.'

'La-mij nog es horen,' zei Priscilla, en op haar beurt duwde ze Gem opzij. Oor tegen zijn lippen. 'Nee joh, dat is, hij wil nog wat zeggen. Als ze doodgaan, willen ze altijd nog wat zeggen. Ga even opzij.' Priscilla tikte zacht tegen zijn wang.

Er trilde een spiertje.

'Kijk,' zei Gem, 'er gebeurt wat.'

Priscilla legde meteen haar oor tegen zijn lippen.

De kunstenaar begon zachtjes te lispelen.

'Wat zegt-ie nou?' vroeg Gem.

'Wat zeg je, ik kan je niet verstaan,' riep Priscilla hard in zijn oor.

De kunstenaar deed zijn ogen half open en begon iets luider te lispelen.

'Watte?'

Zijn ogen gingen nog verder open. Hij slikte even en lispelde toen een paar woorden.

Priscilla kon hem kennelijk verstaan. Ze kwam met haar hoofd omhoog, keek Gem opgelucht aan en met een knikje naar de kunstenaar zei ze: 'Hij vraagt wie Joop is.'

67

De uit de dood opgestane kunstenaar heette Chris en werd meteen geannexeerd door Priscilla. Ze nam hem mee naar haar woonstee, de kamer achter het kantoortje met het IKEA-bed, het springveren matras en het donzen dekbed. Gem zat toch nog bij Zus, dus dat kon wel even. De gammele ladder van de kunstenaar werd in het achtertuintje gezet, evenals zijn voorraad spuitbussen en tassen vol met rotzooi. Sevda had er vanaf haar romantische balkonnetje het zicht op, maar ook de stank van. Omdat Chris – die al heel gauw 'Chris van Pris' werd genoemd – zich ontpopte als een aardige, behulpzame man, die niet te beroerd was om de nodige klusjes in Sevda's huis uit te voeren, hield Sevda haar neus dicht en haar bezwaren voor zich.

Gem had een kleine 'terugval', zoals ze dat zelf noemde, en bleef de dagen erna een beetje bij Zus hangen. 'Natuurlijk te veel gedaan,' zei Zus, en ze haalde weer flesjes astronautenchocola en duwde Gem het bed in. Eerst bijkomen, Chris en Pris zouden zich wel ontfermen over De Miskoopt, die mede dankzij de flyers van de Turkse bakker een toeloop van klanten kreeg. Iedereen prees Gem de Sjers en haar goeie ideeën en roemde de winkel met de opvallende roze graffitiletters – niemand had nog de toegevoegde T opgemerkt. De Turkse bakker liet bij Zus een taart voor Gem bezorgen, door zijn Haagse knecht, die kennelijk ook de tekst op de kaart had geschreven: *Vannâh ons allâh datjâh weer gauwâh betâh ben.*

68

Pater Pi-jet verdeelde de taart onder de bewoners van de pandjes, terwijl Zus haar huis overhoophaalde op zoek naar de brief met datum en tijd waarop Gem bij dokter Freeser verwacht werd. Eenmaal in bed in haar kamertje bij Zus, liet Gem toe dat ze zich ziek voelde. Haar hoestbuien kwamen in alle hevigheid terug, ze gaf slijm op met nu en dan bloed, haar benauwdheid verergerde. Alleen in haar kleine kamertje liet ze alles gebeuren. Er waren geen klanten die haar bespiedden, er was geen drukte om haar heen zoals in de afgelopen weken. Toen waren daar al die mensen die meehielpen, al die mensen die zelf zoveel kabaal maakten, met elkaar kletsten, lachten, met spullen sjouwden en schoven, ze hadden niet op Gem gelet, niet gemerkt dat ze zo goed als niets at – inderdaad, alleen maar die gevulde koeken in kerstpapier – en drinken deed ze al helemaal nauwelijks. Ze had pijn, pijn, en ging steeds erger hoesten.

De brief van Freeser werd niet gevonden. Dan maar bellen naar het ziekenhuis, om te horen dat er een nieuwe brief onderweg was naar Gem omdat ze niet was komen opdagen en controle toch noodzakelijk was. Freeser wilde haar zo spoedig mogelijk zien. Morgen, kon dat? Zus schakelde Guus in. Of hij met haar mee kon gaan? Ja, hij zou Gem komen halen. En bij het gesprek blijven als ze dat wilde.

Freeser had met één blik op Gem al door dat het niet goed met haar ging. De weegschaal bevestigde zijn vermoeden: Gem was wéér afgevallen, vier kilo in nauwelijks een maand. ‘Te veel voor dat toch al magere scharminkeltje,’ zei hij. Na het routineonderzoek dat volgde, keek hij Gem lang aan. 'Ik wil je vandaag hier houden, en morgen meteen starten met een uitgebreid onderzoek.'

'Nou zeg,' zei Gem verontwaardigd, 'ik mag toch wel naar huis, m'n spullen halen en dan gewoon een afspraak maken.'

'Nee,' zei Freeser.

Gem schrok. 'Zus past heel goed op me. Waarom mag ik dan niet naar huis?'

'Omdat ik me als dokter ongerust over je maak. Jij en ik moeten samen heel erg ons best doen om je weer beter te maken. Ik wil je bij me in de buurt houden.'

'En waar slaap ik dan?'

'Je krijgt een eigen kamer van me, je hebt rust nodig.'

'En kan de deur op slot?

'Dat is hier niet nodig,' zei Freeser.

'En m'n spullen?'

Guus legde zijn hand op de hare. 'Die breng ik straks even, zeg maar wat je nodig hebt.'

'Alles. Mijn kammetje ligt nog op de wastafel. Niet vergeten. En mijn pruik.'

'Je pruik?' riepen Guus en Freeser tegelijkertijd.

'Ja, je denkt toch niet dat ik met een kale kop ga lopen? Ze zeggen allemaal dat ik door die bestralingen mijn haar verlies. Hé, weet je wat voor pruik ik heb? Een grijze! Een grijze met lang steil haar tot op mijn schouders en met een pony. Staat me bezopen natuurlijk, maar ik heb altijd al steil haar willen hebben en die etalagepop bij C&A, die had hem op en ik kon hem zó, met m'n pink, van d'r kop lichten. Die is van mij, dacht ik, jij kan beter kaal zijn dan ik straks!'

69

Dokter Freeser had het goed ingeschat, de onderzoeken en behandelingen die Gem moest ondergaan vielen haar zwaar. Een kamer voor haarzelf waar ze tussen de bedrijven door ongestoord kon slapen was precies wat ze nodig had. Op Gems vraag hoelang ze in het ziekenhuis moest blijven, gaf Freeser een ontwijkend antwoord. 'Dat hangt ervan af.' Hij zei niet wáárvan af en wonderlijk genoeg vroeg Gem daar ook niet naar.

Bezoek kon ze slechts mondjesmaat ontvangen. Guus mocht iedere dag komen en Zus, Sevda en ik bij toerbeurt.

Na een paar dagen zei Freeser dat ze naar huis mocht, maar dat ze terug moest komen voor bestralingen. Het afsprakenbureau zou haar een brief geven met de data en de uren. Het team van artsen had daartoe besloten, want de tumor was weer groter geworden.

Die middag kon Gem het nieuws aan Guus vertellen. Ze vroeg hem tegelijk of hij haar kon ophalen de volgende dag. En of hij dan eerst naar Nellie kon rijden. En of hij dan buiten op haar kon wachten, want ze wilde alleen met Nellie praten. Dus niet met hem erbij, herhaalde ze, en ze keek hem bijna smekend aan. Begreep hij haar? Guus knikte. En vond hij het niet erg? Hij pakte haar hand, zei niets, knikte alleen. Dat was zíjn manier van begrijpen, wist ze.

Guus kwam haar om twaalf uur halen. Een Albert Heijntas lag op de grond en haar hele rommeltje had ze op haar bed gesmeten. 'Ja, dat moet nog in die tas, maar ik ben moe, ik heb nog een tijdje in die stoel gelegen, geslapen, geloof ik.'

‘Ik doe het wel,’ zei Guus en hij begon haar kleren te selecteren, broeken links, truien en blouses rechts, maar dat ging Gem te langzaam. ‘Pietje-precies,’ zei ze en ze graaide alles bij elkaar en stampte de boel in de tas. ‘We gaan.’

Onderweg zei ze niets. Ze keek naar buiten. Kamde haar haar.

Toen Guus langzaam ging rijden en uiteindelijk stopte, zei ze: ‘Woont ze hier? Nette straat. En jij woont bij haar?’

‘Ja.’

‘En Dicky?’

‘Ook.’

Ze zuchtte. ‘En slaap je met haar in één bed?’

‘Ja.’

Gem keek een poosje stil voor zich uit. Plotseling greep ze haar sjaal en stapte ze uit. ‘Lief van je dat je op me wilt wachten.’

Hij keek haar na. ‘Ik sta om de hoek. Het is nummer zeventien,’ riep hij, want hij zag dat ze de verkeerde kant op liep.

70

De bel klonk hard.

‘Ha, ik ben Nellie, maar dat wist je al.’

‘Ja, en ik dus Gem.’

‘Kom maar,’ zei ze en ze pakte Gems hand, ‘moeilijk voor je, maar erg goed dat je besloot te komen. Ik heb voor jou speciaal een lekkere stoel en ik heb ook iets lekkers voor je gemaakt, iets met chocola, dat zei Guus, dat je daarvan hield.’

Was het omdat Guus dat had gezegd? Omdat ze haar meetrok naar die lekkere stoel die ze speciaal voor haar had? Omdat ze begreep dat ze het moeilijk vond? Of omdat ze zo moe was door dat liggen in dat ziekenhuis en door al die onderzoeken? Of omdat Guus met haar in één bed lag? Dat was voor Gem het symbool voor koestering, troost en het wegnemen van angst. Of was het alles bij elkaar waardoor ze moest huilen. Niet huilen met snikken en lange halen, maar geluidloos, met tranen die opwellen, met een keel die dichtknijpt en geen woord meer doorlaat en een neus die gaat lopen en handen die vanzelf je gezicht rood wrijven.

'Kom maar,' zei Nellie, 'dat is zo'n stoel met knopjes aan de zijkant. Als je daarop drukt gaat die stoel liggen. Nou ja, jíj kan erop liggen. Doe maar. Ik zal je sjaal over je heen leggen.'

De tranen bleven komen. Gem beet op haar lippen, maar dat hielp niet. 'Sorry,' zei ze en ze nam de zakdoek aan die Nellie haar aanreikte.

'Blijf even lekker liggen, haal ik wat ik voor je gemaakt heb.' Ze liep naar de keuken. Gem luisterde naar alle geluiden, verscholen achter de zakdoek op haar ogen. Getik van Nellies hakken op de stenen keukenvloer. Hoge hakken droeg ze. Vond Guus leuk, dat wist Gem. De deur van de ijskast die open- en dichtging. Een lepel uit een la. Nog een lepel. Bordjes. Getik van haar hakken op de houten vloer van de kamer. Ineens was het stil. Gem voelde dat Nellie nu dicht bij haar stond.

Gem trok de zakdoek van haar ogen en zag Nellie voor haar staan. Ze hield twee schaaltjes vast. Gem stak haar hand naar Nellie uit en die zette snel de schaaltjes op een tafeltje neer en greep toen met beide handen Gems zoekende hand.

'Vraag maar. Je wilt me wat vragen, toch?'

Gem knikte lang en zei toen zacht: 'Ik zou nog zo graag een nacht met Guus slapen. Moet ik dat aan jou vragen?'

Het duurde even voor Nellie zich goed realiseerde wat ze vroeg, maar toen het tot haar doordrong moest ze vertederd om haar lachen. 'Nee, dat moet je niet aan mij vragen, dat ga je gewoon aan Guus vragen. En niet vragen, maar zéggen. Dat je dat zo graag wilt. En misschien wil hij dat ook. Al heel lang misschien. En is hij blij dat je het nu eindelijk durft te zeggen.'

Gem fluisterde bijna. 'Als ik bang was zocht ik iemand om bij te gaan slapen. Ik ging altijd bij mijn vriendin Priscilla slapen, ik kroop achter haar rug en voelde me dan veilig. Ze was lekker warm, en ik kon naar haar adem luisteren. "Ik ben het," zei ik en dan tikte ik voorzichtig op haar schouder en als antwoord knorde ze even. Ik wil nu ook graag bij Priscilla slapen, maar dat kan niet, want ze ligt in mijn grote IKEA-bed met Chris. Vraag jij aan Guus of ik bij hem mag slapen? Eén keer maar. Ik kruip gewoon bij hem als ik weer zo bang ben. Vraag jij het aan Guus?'

'Ga je dan ook achter zijn rug liggen? Tik je dan ook voorzichtig op zijn schouder? En knort hij dan ook?' vroeg Nellie.

'Guus ligt op zijn rug als hij slaapt, met zijn handen gevouwen achter zijn hoofd. Als ik bij hem ga liggen, dan leg ik mijn hoofd op zijn ene arm... Iedereen denkt altijd dat Guus stiekem bij mij in bed kroop en me zwanger heeft gemaakt, Pien ook, maar zo is het niet gegaan. Guus is heel zacht en beleefd, ik ging bij hem liggen omdat ik bang was en dat voelde hij, daarom mocht ik ook blijven. En hij streelde me over mijn hoofd en hij zei dingen die nog nooit iemand tegen me gezegd heeft, dingen om me gerust te stellen. En hij zei: "Zal ik je nu maar terugbrengen naar je bedje?", maar dan klampte ik me aan hem vast. Hij was warm en lief, ja, zo krijg je een kind natuurlijk, en als ik tegen zijn hoofd tikte, dan knorde hij ook.'

Ze lachten allebei. Nellie klapte even op de rug van Gems hand, alsof ze dit intieme gesprekje hiermee wilde afsluiten, en Gem schoot meteen in haar normale stemgeluid.

'Hoe kom je aan die stoel? Uit een vliegtuig gejat?'

Nellie keek verbaasd en lachte weer.

'Gejat!' zei Nellie. 'Dat kan niet eens, die stoelen zitten vast!'

'Ze hebben natuurlijk al eerder geprobeerd ze te jatten en ze toen maar vastgezet.'

Nellie moest nog harder lachen. Ze schudde haar hoofd, pakte de schaaltjes op en gaf Gem er een. Toen streelde ze over Gems wang en ging daarna met één vinger zacht over haar neus. 'Eigenwijs neusje,' zei ze. 'Kom maar, recht zitten,' en ze drukte op het knopje aan de zijkant van de stoel. Gem kwam langzaam in een zittende houding.

De lachbui van Nellie had bij beiden iets losgemaakt. 'Wat ben jij toch een nummer!' zei Nellie, 'ik snap best dat Guus zo dol op je is.'

'Heeft hij dat gezegd?'

'Nee, natuurlijk niet. Zal ik het dan toch maar voor jou aan Guus vragen?' zei Nellie.

'Ja.'

‘En waar moet hij dan slapen zodat jij erbij kan kruipen?’

‘Ik vraag Priscilla wel of ze een nachtje naar Zus gaat.’

‘Doen we. En kijk nou maar eens wat ik voor je gemaakt heb. Ouderwetse chocoladepudding met vanillevla. Mijn oma maakte dat vroeger. Wij vonden dat altijd zo lekker!’

‘Wie is “wij”?’

‘Mijn zusjes en ik.’

‘Goh, heb je zusjes?’

‘Twee.’

‘Goh.’

‘Ik maak die pudding soms voor de kinderen als ze ziek zijn. Ik doe hem in een visvorm en als hij hard is, dan draai ik hem om op een schaal en dan doe ik de vla erover.’

‘Goh,’ zei Gem. ‘En je hebt ook een oma?’

‘Ja, ze is dood.’

‘En een moeder?’

‘Ja.’

‘Is zij ook dood?’

‘Nee, ze komt hier vaak. Die stoel waar je nu op zit, is voor haar.’

‘Goh. Míjn moeder is dood,’ zei Gem.

‘Dat weet ik toch.’

‘Ik heb haar nooit gezien.’

‘Dat weet ik ook. Maar je hebt nu wel familie. En Dicky ook.’

‘Ja. Een grote familie. Ze springen boven op me. Alsof ze me willen wurgen. Nee, verkrachten. Niet gewoon verkrachten, maar een groepsverkrachting. Ik ben bang voor die familie. Ik ken ze niet. Ze vragen steeds of ik kom. Maar ik durf niet.’

'Ben je ook bang voor mij?'

'Voor jou? Nee, niet voor jou.'

'Nou, dan ga ik toch met je mee als ze je weer vragen.'

'Echt waar?'

'Echt waar.'

Gem lachte naar haar, een beetje verlegen, niet wetend of ze dat kon geloven.

Nellie knikte en lachte terug. 'Neem maar een hap, eerst met de lepel een stukje chocoladepudding en dan met de lepel door de vla.' Ze deed het voor.

'Eerst met de lepel een stukje chocoladepudding en dan met de lepel door de vla. Mmmm... lekker.'

71

Na een paar bestralingen stelde Freeser vast dat Gem baat zou hebben bij extra zuurstof. De benauwdheid maakte haar dagelijkse leven te zwaar. Ze bleef in bed hangen, bij Zus, ging nauwelijks meer naar De Werkschool. Freeser wilde dat veranderen, hij zou een karretje met elektrische bediening voor haar aanvragen. Als ze niet vergat om het 's avonds op te laden, dan kon ze er overdag enorm veel plezier van hebben. Ze kon weer gewoon naar De Werkschool gaan, lachen met al die vrouwen die haar vriendinnen waren geworden, Sevda helpen met de lessen en in De Miskoopt rondhangen en er naar de straatpraatjes luisteren die vastzaten aan de diverse miskopen en gierend van de lach door de vrouwen werden opgedist. En wanneer kreeg ze die kar? 'Heel gauw,' zei

Freeser, hij ging er persoonlijk achteraan. Maar Gem geloofde niet alles meer. En als de verzekering nou zei dat het voor haar te duur was? Dan kreeg ze die kar van Freeser cadeau, zei hij. Gem gilde het uit van plezier. 'Cadeau. Cadeau!' En gebrek aan zuurstof of niet, Gem sprong Freeser om de hals en zoende hem op beide wangen. De zusters kwamen op het kabaal af lopen. 'Ik krijg een zuurstofkarretje van Freeser cadeau!' schreeuwde Gem. 'Ik heb nog nooit niet van niemand niet niks niet cadeau gehad!'

72

Freeser hield woord. Of de verzekering het karretje had betaald of Freeser zelf, daar liet hij zich niet over uit. Misschien had hij dat karretje wel van een overleden patiënt, maar wilde hij dat niet tegen Gem zeggen. Maar eigenlijk denk ik dat Freeser het karretje zelf voor haar gekocht had, het leek mij zijn keuze, een luxueuze uitvoering met alles erop en eraan, en Freeser was bovendien erg gesteld geraakt op zijn buitenissige patiënt. Een week later stond het karretje voor zijn spreekkamer op Gem te wachten. Freeser nam zelf de rijlessen ter hand, hij wilde er zeker van zijn dat Gem geen capriolen zou uithalen. Een opgewonden Gem spurtte door de ziekenhuisgangen – 'opzij, opzij!' – met niet alleen Freeser achter haar aan, maar ook een paar jonge verpleegsters en de fysiotherapeut die uiteindelijk de rijlessen van Freeser overnam.

Hij dirigeerde Gem naar buiten. Hij leerde haar rustig te

rijden op de stoepen. 'Geen haast,' riep hij steeds. 'Anders zien we je weer terug in het ziekenhuis, maar nu met een gebroken arm of been of een hersenschudding.' En om het circus compleet te maken, kwam daar Pater Pi-jet waarachtig de hoek om. Hij kon nog net opzijspringen om een botsing met Gem te voorkomen. Hij veranderde ogenblikkelijk van koers en voegde zich bij het tweetal, alsof dat zo afgesproken was. 'Waar gaan we naartoe?'

'Naar De Miskoopt' schreeuwde Gem en ze toerde voorop zigzaggend om de voetgangers heen. Vlak achter haar zette nu Pater Pi-jet de vaart erin. Met zijn rollende r hoorde je hem boven alles uit: 'Naarr links... naarr rechts... rrollen maarrr...' Waarop Gem tegen tegemoetkomende voetgangers schreeuwde: 'U ken ons nog wel van rrradio en teevee, wij zijn een bekend duo. Hiero zeer geliefd, maar in Pretpark Zetten trekken ze ons door de plee!'

De fysiotherapeut vond het te gortig worden en haakte af, hij had geen zin om voor joker te lopen.

73

Gierend van de lach en snakkend naar adem kwam Gem met Pater Pi-jet bij De Miskoopt aan, waar ze een hartelijk applaus kregen van de aanwezige vrouwen. Pater Pi-jet liet zich in de winkel meteen op een stoel vallen. Hij werd ook een dagje ouder en dat rennen achter die meiden aan ging hem niet in z'n kouwe kleren zitten. Voor het blinkende karretje van Gem was de drempel te hoog. Ze moest buiten blijven. Priscilla, die

die middag de scepter zwaaide, greep meteen in. Ze stak de straat over, naar de jongens van de Hubo, en na even met ze gepraat te hebben kwam ze terug met twee stevige knapen met een gereedschapskist en houten balken en planken onder hun armen. De ene ging met een rolmaat aan de slag en de andere – zijn baas, want hij had een blocnoteje – schreef de maten op en binnen de kortste keren lag daar een schuine loopplank tegen de drempel. Gem werd daar glorieus over naar binnen geduwd. Al weer onder hartelijk applaus.

74

Het nieuwe levenselixer van Gem was het karretje van dokter Freeser, dat ze had opgevrolijkt met reclamevlaggetjes van haarshampoo en glinsterende kettingen die ze wegkaapte uit De Miskoopt. Met al die toeters en bellen toerde ze zingend door de straten. Mensen van de buurt die haar kenden zwaaiden naar haar en zij zwaaide uitbundig terug. Wat fijn toch, dat het zo goed ging met Gem, dachten ze, en wat fijn toch, dat ze zo'n goeie arts heeft die haar had weten weg te sleuren van de dood. Dat gebeurde niet zo vaak met die vreselijke ziekte. Onthou zijn naam, dokter Freeser, stuur je familie naar hem toe, als je ooit met die ziekte te maken gaat krijgen. Er waren natuurlijk ook mensen die haar niet kenden en die dachten: díé is gek, zo snel mogelijk opsluiten, die tante.'

Ja, Gemmetje Victoria was in haar nopjes en als een vis in het water in De Werkschool. Als Gem de Sjers werd ze er voortdurend op uit gestuurd door Sevda. Er was een pak papier nodig, een flinke pot lijm, een pak koffie, en o ja, suiker, doe maar klontjes, en koekjes en ook een plastic tafelkleed van Blokker, want er kwamen een paar wethouders op bezoek om te worden rondgeleid en die moesten met stroop ontvangen worden.

Zodra Gem zich in haar karretje gehesen had, voelde ze zich tot alles in staat. En dat terwijl ze ziek bleef, want de bestralingen haalden weinig uit. De tumor werd weliswaar kleiner, maar als de bestralingen stopten, dan bleek na een poosje dat de tumor toch weer gegroeid was. Dus had het weinig zin om nog naar het ziekenhuis te gaan, besloot Gem. Het verpestte alleen maar haar humeur als ze daar dat gezeur moest aanhoren van 'dat het toch weer terugkwam'. Ja, logisch, als je er steeds naar gaat zoeken. Je moet gewoon niet zoeken, gewoon net doen of er niks aan de hand is. Nou, dat deed ze, en daarom was ze niet ziek meer, zó eenvoudig was dat.

Maar het legioen, de karavaan, het achtergrondkoortje, de groupies of hoe ze nog meer genoemd werden, in ieder geval waren zij het die haar – de een wat langer dan de ander – van dichtbij hadden meegemaakt en elke hartslag van haar kenden. Het legioen wist wel beter. Ze spraken er niet over met elkaar. Ze wisten en voelden dat Gem zichzelf en hen voor de gek hield en dat ze bezig was haar laatste krachten in te zetten en op te gebruiken. Met die laatste krachten kleurde ze haar wangen koortsrood, liet ze haar groene ogen gloeien, liet ze mensen beurtelings lachen en nadenken over haar zotte en rauwe uitspraken en haalde ze in het verkeer met haar blingblingkarretje risicovolle strapatsen uit. Sevda bedacht voor Gem continu opdrachtjes opdat ze zich toch vooral onmisbaar zou voelen. Maar misschien was Sevda wel doorlopend aan het aftasten hoeveel Gem nog aankon. Ging ze niet over haar grens? Was het wel waar wat ze zei, dat het beter met haar ging, dat Freeser tevreden over haar was, dat ze niet terug hoefde te komen in het ziekenhuis en dat ze dus geen behandelingen, onderzoeken en al helemaal geen bestralingen nodig had?

En Zus? Die had haar gebeden via haar lijntje met de Grote Regelaar opgevoerd. Wat kon ze anders doen? De kleine flesjes chocola vond ze ongeopend terug in de prullenbak bij de kerstpapiertjes waarin de gevulde koeken hadden gezeten. Zus wist dat het zinloos was om Gem op deze vondsten te wijzen. Dit was de realiteit. Gem at niet meer. Ze snoepte een beetje.

En die derde in het rijtje van de groupies, Priscilla? Die wilde er gewoon niet aan denken dat haar maatje er op een dag niet meer zou zijn. Dus moest ze maar gewoon aan andere dingen denken, en dat kon heel makkelijk met aan haar zijde een wankele ladder die ze vast moest houden omdat haar nieuwe geliefde anders te pletter zou vallen.

En dan was daar Guus met zijn jonge gezinnetje. Hij bleef Gem trouw in de gaten houden, twijfelde aan alles wat ze hem vertelde, want hoe kon het, hoe kon ze zo van het ene op het andere moment genezen zijn, zouden ze niet toch nog een keer voor de zekerheid naar dokter Freeser gaan?

‘Néé, zeg ik toch, ik ga niet naar Freeser, hoe vaak moet ik dat nu nog zeggen? Ik ben beter.’

En ik? Ik zag het gebeuren. Ik zag hoe ze zich oppompte en

tegelijkertijd zag ik hoe de Gem die ik kende langzaam verdween. Ik overwoog om zelf contact op te nemen met Freeser, maar hoewel ik hem alleen maar van de verhalen kende, wist ik dat hij, als elke arts, het privérecht van zijn patiënt niet zou schenden. Ik moest net als de anderen afwachten tot er ongetwijfeld iets zou gaan gebeuren. Iets verschrikkelijks.

Maar toen, zoekend naar mijn bril in mijn tas, vond ik een briefje en nog voor ik het had opengevouwen, wist ik dat het van Gem was.

Ik heb je telefoonnummer aan Freeser doorgegeven, hij gaat je bellen. Gem.

Niet: 'Lekker zeikwijf van me, een dikke, vette zoen op je snavel, Mmmmm... je eigenste Gemmetje', een zinnetje waarmee ze een maand geleden nog een briefje aan mij afsloot. 'Lekker zeikwijf van me', op de schreeuwtoon van Gem. Niemand had dat ooit tegen me gezegd. Nu sloot ze alleen af met 'Gem'. 'Ik heb je telefoonnummer aan Freeser doorgegeven, hij gaat je bellen. Gem.' Want het was menens. Er viel niets meer te zeggen dan die ene naam, en niet op een schreeuwtoon. Gem. Het enige wat ze nog overhad.

Een maand geleden, toen ik nog haar lekkere zeikwijf was, vroeg ze mij om 'advies' – advies dat ze zoals gewoonlijk niet opvolgde – omdat ze met Freeser verbaal 'op de vuist' was gegaan. Omdat hij niet naar haar had willen luisteren.

'Wat moet ik doen, ik geloof dat hij nu boos op me is.'

Het vervolg van dat briefje speelde zich in het kantoortje af. Op haar toffe toontje, waarop ze dat wat ze niet kon geloven belachelijk kon maken, schreeuwde ze me toe: 'Die mafkees van een Freeser zegt dat ik zijn waarschuwingen serieus moet nemen. Hij zegt dat ik van hem extra zuurstof heb gekregen en gewoon doorpaf. Dat ik longkanker en COPD heb in een te ver stadium. Dat ik niet meer kan genezen. Hij zegt dat ik weleens kon stikken als ik blijf roken en dat de administratie vraagt wie mijn familie is, want dat staat niet ingevuld.

Dat willen ze natuurlijk weten voor als ik gestikt ben en de familie gewaarschuwd moet worden. Ik zeg: "Dat weet je toch, wie mijn familie is, die hele boerenfamilie van me die zich boven op me gestort heeft?"

"Nee," zegt hij, "ik bedoel familie die je al had."

"Yvon," zeg ik, "Yvon is mijn familie."

Hij zegt: "Maar je komt hier altijd met die groupies? Yvon was vroeger je begeleidster, je bent hier nooit met Yvon geweest."

"Ja, en toch is ze familie."

"Maar de administratie," begint hij weer.

En dan zeg ik: "Rot op met je administratie, ik zeg toch, Yvon is mijn familie."

En toen zei die: "Goed, geef me haar telefoonnummer maar."'

En zonder enige overgang schreeuwde ze tegen me: 'Denk je dat het zo leuk is om te stikken?' De actrice Gem maakte er meteen een scène van. Ze kneep met haar hand haar keel dicht, stak haar tong uit en liet uit haar wijdgeopende mond rasperige keelgeluiden opstijgen.

Ik had in de afgelopen jaren wel geleerd me niet mee te laten slepen door haar vertoningen, en zei rustig: 'En dus heb je hem mijn telefoonnummer gegeven en gaat hij me opbellen?'

'Ja, dat denk ik, ja.'

75

Een paar dagen later – Gem had haar ongeduld al laten blijken – kreeg ik het Westeinde Ziekenhuis aan de telefoon. Afdeling Longziekten. 'Ik verbind u door met dokter Freeser.'

'Mijn patiënt, Gemmetje Victoria, heeft mij uw telefoonnummer gegeven, ik neem aan dat dit in overleg met u is gebeurd.'

Om het niet ingewikkelder te maken, zei ik maar dat ik ervan wist en het goedvond.

'Maar in dit geval is een telefoongesprek niet voldoende. U weet waar het om gaat?'

'Nee,' zei ik.

'Ik zou graag een schriftelijke verklaring willen hebben waarin staat dat Gem u machtigt om als dat nodig is voor háár te beslissen. Dat is namelijk wat Gem graag wil. De verklaring moet in mijn aanwezigheid door u beiden ondertekend worden.'

Een plezierige stem, dat wel. Ik zweeg.

'Ik geloof dat u hiervan toch níét op de hoogte bent?'

'Nee' zei ik, 'maar ik zal zeker komen.'

Freeser was even stil, dacht kennelijk na en vertelde toen dat hij begrepen had dat Gem alles met mij besprak.

'Nou, álles... Ze vertelt me wat ze aan me kwijt wil, maar dat is nog geen bespreken. Het is meer confronteren met de gang van zaken.'

En dat ik haar ook regelmatig van advies diende, hoorde ik hem zeggen. Ik kon een lachje niet verbergen. 'Als ik dat al doe, dan zal ze zeker niet naar me luisteren.'

Nu moest híj lachen. 'Maar ze vraagt u wél om advies, mij heeft ze nog nooit om advies gevraagd. Daarom zou ik u toch samen met Gem willen ontmoeten. Bent u familie van haar?'

'Nee, nee,' antwoordde ik.

'Dus geen familie van haar. Wat schrijf ik dan achter uw naam? Vertrouwenspersoon?'

Ik vond dat erg officieel klinken, bijna belachelijk zelfs. Maar ik wist ook niets beters te bedenken. Ik kon moeilijk zeggen: 'Die lange met die lange poten', de eerste benaming die ze me gaf, of: 'Ik ben een lekker zeikwijf van haar, schrijf dát maar op.' Dus zei ik: 'Tja, vertrouwenspersoon, dat kan. Wat staat er achter de namen van de anderen die ze naar u meeneemt?'

'Wat ik al zei: groupie.'

We moesten allebei lachen.

'Ze zegt dat de wereld moet weten wat haar en andere kinderen is overkomen. Het is belangrijk dat dat wordt opgeschreven. Ze heeft me daar veel over verteld.'

'Volgens mij bent ú haar vertrouwenspersoon,' zei ik.

Hij lachte weer. 'Nee, nee, maar ik ben het wel met haar eens dat het opgeschreven moet worden. Is dat zo, dat u een boek over haar gaat schrijven?'

'Dat maakt zij ervan. Maar ik ben daar nog niet aan toe.'

'O, als ík kon schrijven, dan was zij de eerste over wie ik een boek zou schrijven.'

76

'Waarom heb je dat gezegd?' vroeg ik aan Gem. 'Ik ben geen familie van je, ik heb geen plannen om een boek over jou te schrijven en ik heb er al helemaal geen behoefte aan om jou te adviseren. Je moet je eigen beslissingen nemen, ophouden met roken bijvoorbeeld.'

'Begin je daar nou al wéér over? Jij leert ook niks, hè, je weet toch dat ik dat niet meer kan. Ik rook al vanaf mijn elfde jaar, net als Pris, we rookten zelfs stiekem onder de dekens, we stikten bijna. Maar Pris gaat er niet dood van, want het zit niet in haar familie. Het zit in míjn familie. Het is erfelijk. Mijn moeder is er ook dood aan gegaan.'

Ik schrok. Dat was nieuw voor mij. 'Hoe weet je dat?' vroeg ik.

'Die stomme tante-oma Tina heeft dat aan Dicky verteld toen hij daar laatst mocht logeren. Geeft ze hem eerst een waterpistool en zegt ze dan dat mijn moeder kanker had en gestikt is. Rotmens.'

En voor ik nog iets kon zeggen, viel ze tegen me uit: 'Nou, stikken is heus niet zo leuk, hoor, ik wilde je dat alles nog vertellen, over dat voor mij beslissen en zo, maar ik was het vergeten en nou is die Freeser me gewoon voor geweest, heeft hij het jou verteld. Het enige wat ik niet wil is stikken. En als jij ziet dat dat gebeurt en dat ik dat niet tegen kan houden, dan moet jij voor mij zeggen dat ik niet wil stikken.'

Ik knikte.

'Ja, wát nou.'

'Ik begrijp je.'

Natuurlijk wist ik dat het allang niet meer een kwestie was van 'gewoon ophouden met roken'. Dat stadium was ze voorbij. Ze kon nauwelijks meer lopen. Haar karretje bracht haar waar ze wezen moest. De slangetjes voorzagen haar van extra zuurstof. Iedere avond ging ze naar De Werkschool, naar 'haar meiden', die nu tegen alle moeilijk te nemen drempels schuine opritjes hadden laten plaatsen door de Hubo-jongens. Want Gem hoorde erbij, al was het maar als verlengstuk van Sevda. Gem moest met haar karretje naar binnen kunnen komen.

Natuurlijk zou ik met haar meegaan naar Freeser, en als het nodig was, zou ik ook doen wat ze me niet rechtstreeks had durven vragen: voor haar beslissen.

'En natuurlijk ga jij een boek over mij schrijven,' zei Gem, me fel aankijkend. 'Op een dag ga je beginnen. Dan ben ik allang dood misschien. Ik zie het aan je, aan hoe je naar me kijkt en luistert. Dan gaat je kop zo'n beetje schuin, je knijpt met je oogjes, je spant je lippen, dan weet ik: je bent zo'n net in je kop aan het spannen, daar váng je me mee, je bewaart me in je hoofd, lekker zeikwijf van me. Je bewaart me in je hoofd, maar op een dag barst Gem toch je kop uit.'

77

Een week nadat we bij Freeser de verklaring hadden ondertekend dat Gem mij machtigde om indien nodig voor haar beslissingen te nemen, ontving ik met de post een brief van Freeser. Op een correspondentiekaart schreef hij met zijn doktershandschrift:

Mijn secretaresse gaf mij een enveloppe die onze vriendin Gemmetje bij de portier heeft afgegeven. Omdat zowel uw naam als de mijne als geadresseerden op de enveloppe vermeld stonden, heb ik het ingesloten velletje papier gelezen en stuur ik een fotokopie hiervan naar u toe. Het origineel bewaar ik bij haar patiëntgegevens. U zou mij een plezier doen wanneer u mij bevestigt dat u dit schrijven van mij heeft ontvangen.

Dit schrijven. Een briefje. Een vodje wederom. Een rafelig afgescheurd blocnoteblaadje. Een beetje geknoei hier en daar, een beetje vettig, géén taalfouten, en in ieder geval beter leesbaar dan die kaart van Freeser.

Dat vriendinnetje van Freeser houdt ons wel bezig.

Voor Yvon en dokter Freeser. Van Gemmetje Victoria.

Wat ik wens. Ik wil begraven worden op een open boerenkar. Daar moet mijn kist op. Omdat mijn echte moeder van een boerderij kwam. Ik denk daar vaak aan en heb jullie het verhaal ook verteld. De familie heeft mij excuses aangeboden omdat ze mijn moeder naar de nonnen hebben gebracht waar ik toen geboren ben, en die nonnen hebben mij toen meegegeven aan twee vrouwen van jeugdzorg. Al die jaren heeft jeugdzorg niet willen vertellen wie mijn moeder was. En ik wou dat wel weten. Ze zeiden dat ze het niet wisten. Ze vertelden wel van een boerderij. Daarom wil ik op een open boerenkar. Liefst met twee knollen ervoor. En ik wil één volgwagen. En daar moet Yvon in. In die lange jurk die ze aanhad toen ik bij haar kwam, die eerste keer in het opvanghuis. Ze zat toen achter haar bureau te telefoneren en ze zag me niet binnenkomen. Ze schrok zich rot toen ze me zag. Yvon moet wat zeggen, want ze weet wie ik ben en wie ik ben geworden. En Ard ook, als hij wil. En achter die volgwagen komt Guus in z'n eigen auto met Nellie, Dicky en Pien en de nieuwe broertjes van Dicky, want Guus gaat echt niet in een volgwagen. En mijn nieuwe familie, die mij heeft weggegeven, hoeft niet te komen. Dit is wat ik wens.

78

Ik had geen map met patiëntgegevens, zoals dokter Freeser, dus ik stopte Gems brief in een lade van mijn bureau waarin ik ook mijn eigen belangrijke documenten bewaarde. Aan Gem liet ik weten dat ik haar wens zou respecteren als het ooit zover was en dat ik het mooi zou vinden van haar als ik haar brief ook aan Guus mocht laten lezen.

'En aan Nellie,' vulde ze aan, 'en aan Dicky, als hij al groot genoeg is.' We omhelsden elkaar, want we voelden beiden dat het een bijzonder moment was. Een moment van stil vertrouwen, zoals dat plaats kon vinden tussen heel goede vriendinnen of een moeder en haar dochter. We voelden ook dat we Gems wens niet meer ter sprake hoefden te brengen. De brief en mijn toezegging waren voldoende.

79

Gem en Priscilla zaten in De Miskoopt en keurden de binnengekomen kleding. Op kleur of op maat geselecteerd hingen ze alles, genoeglijk kletsend, op in de rekken, een enkel exemplaar werd er door Priscilla uit gepikt en op een opvallende plaats in het winkeltje opgehangen. Kaartje erbij met SPECIALE AANBIEDING.

'Die Chris gooi ik eruit,' zei Priscilla, 'hij is nu al twee nachten niet komen opdagen, ik denk dat hij bij die Ria zit, die dikke hoer in de Dunne Bierkade, daar op de hoek. Dat ouwe wijf, met altijd dat panterpak aan. Ja, zo oud is ze niet, maar in ieder geval niet jong meer. Hij maakt ook letters voor boven haar raam. Ria, in hard roze met schaduw, net als boven onze winkel. Had ze gezien. Vond ze mooi. Ze had zelf wel een ladder, zei ze. Ik hoefde niet mee te komen om dat kreng van hem vast te houden. Nou, laat hij dan maar helemaal bij haar blijven. Kan hí́j háár vasthouden. Zij stort ook bijna in elkaar, net als die ladder. Heb ik gezegd tegen hem. Heeft hij gedaan, denk ik.'

Dat was nu precies wat Gem wilde horen. 'Dan slaap je vanavond dus alleen. Kruip ik vanavond bij je. Zoals vroeger.'

'Ja, zoals vroeger. En hij kan z'n rotzooi ook meenemen, die rotladder van hem en die tassen met troep.'

'Zal Sevda ook blij zijn, want die tassen stinken verschrikkelijk. Wat is dat voor troep?'

'Weet ik het, mengspul voor zijn verf. En terpentine en zo om je handen schoon te krijgen. Als hij in bed ligt, dan stinkt hij er nóg naar. Nee, hij moet weg, die stinkerd. En geld heeft hij ook nooit, hij moet altijd van mij hebben. Lenen, zegt hij, maar ik krijg nooit iets terug.'

'Denk maar niet meer aan hem. Ik kom lekker bij jou vannacht.'

'Ja, lekker, jij komt lekker bij mij, ik zou wel gek zijn als ik aan hém ging denken.'

Zoals vroeger in Zetten. Als twee poezen kropen ze dan bij elkaar. Het tengere lijfje van Gem achter de stevige rug van Priscilla. De nachtpon van Pris in het handje van Gem gefrummeld. Duim in haar mond. Veilig. Ogen op een kier. Bij het geringste geluid sprong Gem weg bij Priscilla, kroop over de vloer naar haar eigen bed, onder de lichtstraal van de zaklamp door die de nachtdienst over de bedden liet schijnen. Soms was het loos alarm. Dan was het geen zaklamp maar waren het de koplampen van een langsrijdende auto die door de dunne overgordijnen door de slaapzaal scheerden. Dan bleef Gem even doodstil op de vloer liggen om zodra het weer donker was met kloppend hart achter Priscilla te kruipen. De nachtpon van Pris in haar handje. De duim in haar mond. Veilig. Maar altijd waakzaam, het gevaar lag op de loer, zelfs achter de warme rug van Priscilla.

Straks lag ze weer achter die warme rug. Wanneer zou Pris komen? Ze moest eerst Truus helpen, maar ze zou wat vroeger weggaan, had ze beloofd. En Gem zou eerst bij Zus wat gaan slapen. Maar die vervelende Zus kwam steeds binnen met kleine hapjes voor haar en dan moest ze de gevulde koeken die ze gejat had van Truus en die ze veel liever at snel weg zien te moffelen, en die kerstpapiertjes ook. En als Zus weer weg was, moest ze die kleine hapjes uit haar raam op straat gooien als er even niemand liep, want anders gaven ze haar aan, want dan kwamen de ratten.

80

Gem karde wat heen en weer voor de deur van het kantoortje, wachtend op Priscilla, niet wetend dat haar vriendin vanaf Truus in de Waldorpstraat naar de Dunne Bierkade was gelopen om eens poolshoogte te nemen. Zat Chris nu wel of niet bij die Ria? Dat stomme mens in d'r panterpak. De gordijnen van het raam van Ria waren dicht. Wat dacht hij wel? Priscilla een beetje in de maling nemen? Ze bleef hier wachten tot hij naar buiten zou komen en als dat te lang duurde, dan zou ze wel zien hoe ze dat huis in kwam.

Gem ging ten slotte naar binnen. Ze bleef in het kantoortje in haar karretje zitten. Een tijdje in het donker, dan kon ze beter zien wie er op straat liep, dan kon ze Priscilla aan zien komen lopen. Maar waarom kwam ze niet? Ze deed het licht weer aan. En uit. En maar weer aan. Als Pris dan toch niet kwam, dan ging ze maar naar het andere kamertje, proberen te slapen, ze kon toch niet zo blijven wachten, en om nu nog naar Zus te gaan... Toen ze de deur naar de achterkamer opende, rook ze iets. En het walmde een beetje. Een beetje erg eigenlijk, het sloeg op haar ogen. Dat was geen barbecue. Dat was vast die rotzooi in die tassen van Chris die achter in de tuin stonden. Maar het zou wel weggaan. Ze zette de televisie aan. Maar het ging niet weg, het werd erger. Het leek wel of er brand was ergens. En buiten op straat was het ook ineens zo'n drukte, mensen die hard tegen elkaar schreeuwden. Ze karde naar de tuindeur en gooide die open. De rook drong naar binnen en overweldigde haar. Ze kon alleen maar hoesten. De deur sluiten lukte haar niet. Ze zag die hele deur niet meer. Met haar ogen dichtgeknepen tastte ze de muur af. In paniek reed ze de tuin in, dwars door de rook, naar een plek waar de rook minder was, rechts in de hoek bij de schutting. Ze hoorde stemmen van mensen in andere tuintjes. Ze hoorde een paar keer 'brand'. 'Bel de politie, de brandweer.' Iemand riep: 'Het is bij Sevda.' Maar ze dacht: dat kan niet, want Sevda slaapt. De kinderen slapen.

Plotseling was er een knal, van het uit elkaar springen van een raam op de eerste etage. En toen nog enkele knallen. Glas dat weggeslingerd werd, over de balkonrand van Sevda, in haar tuintje, maar ook verder weg, over de zijschutting op straat. Gegil in de andere tuinen. Gem zag ook boven op de tweede etage gesprongen ruiten en steeds meer vlammen die naar buiten werden gezogen, niet alleen op de eerste etage, maar later ook op de tweede etage, en ze realiseerde zich toen pas echt dat Sevda en haar kinderen daar sliepen. Ze hees zich uit haar kar en liep naar de ladder van Chris, die bij zijn tassen stond. Ze sleepte hem naar Sevda's balkon en probeerde hem daar tegen de bovenrand te zetten. Misschien kon ze zo nog bij de keukendeur van Sevda komen. Intussen riep ze om hulp, maar er was al zoveel geroep uit die andere tuinen, en daar kwam nog die verschrikkelijke herrie bij van politieauto's, brandweer en ambulances die zich met hun sirenes al van ver aankondigden, en van het personeel van de tramremise op de hoek van de Frans Halsstraat dat onder veel geschreeuw met brandblussers aan kwam rennen. Het hulpgeroep van Gem werd door niemand gehoord en daarom deed ze zelf maar een poging om op de ladder te klimmen. Misschien zou ze Sevda en haar kinderen naar beneden kunnen helpen. Geen moment dacht ze eraan dat ze door het ontbreken van het laatste stuk van de rechterpoot naar rechts zou hellen, want Chris had nog niet de moeite genomen om dat wankele kreng te repareren. Priscilla was er toch en Priscilla hield die ladder wel overeind. Maar nu, zonder Priscilla, gebeurde er wat er met Chris ook gebeurde. Toen Gem halverwege was, kapseisde de ladder. Gem kwam ongelukkig met haar hoofd op de keien terecht. Haar hoofd bloedde, maar ze krabbelde overeind en wist haar karretje weer te bereiken. Door de zijdeur in de schutting kon ze op straat komen. Niemand lette op haar. Ze kon ongehinderd de voordeur van Sevda's huis bereiken, haar karretje verlaten en zich door de kapotgesprongen ruit van de voordeur wringen. Naar boven wilde ze. Naar haar vriendin en naar haar kinderen die zich op de tweede etage van dat brandende huis bevonden. Die misschien van niets wisten, diep in slaap waren, verstikt werden door de rook. De rook die ook Gem verstikte. Ze voelde handen die haar naar beneden trokken en haar ervan weerhielden de trap op te gaan. Handen die haar uit de rook wegsleurden, over de straat sleurden, naar de remise. Niets drong meer tot haar door, ze kon alleen maar schreeuwen dat Sevda boven was, dat de kinderen daar waren. Pas in de remise kon ze gekalmeerd worden door het inmiddels gearriveerde ambulancepersoneel. Later zou Gem vertellen dat ze haar iets hadden gegeven waardoor ze er ineens niet meer was.

81

Waar Gem de nacht doorbracht wist niemand, want niemand miste haar. Ze miste zichzelf ook niet, ze was weg. Verzonken, onbereikbaar. Waarschijnlijk hadden ze haar voor haar eigen veiligheid – en omdat ze door haar paniek het reddingswerk zou blokkeren – meegenomen naar het politiebureau. Zei men. Maar hoe dan ook, niemand dacht meer aan Gem omdat duidelijk was geworden welke ramp zich had voltrokken in het gezin van Sevda. Na het bluswerk kon men alleen maar constateren dat Sevda en haar kinderen, al voor de vlammen hen bereikt hadden, in hun slaap waren gestikt.

Pas 's middags kwam men erachter wat er met Gem gebeurd was. Ze hadden haar met haar karretje opgesloten in de directiekamer van de remise. Daar werd ze gevonden door Mia, een vrijwilligster van het Bureau Slachtofferhulp. Het optreden van het ambulancepersoneel was kennelijk net iets te radicaal geweest, want Gem was te suf om op haar benen te staan en het duurde heel lang voor ze zich enige flarden kon herinneren van hetgeen de vorige avond had plaatsgevonden. 'Er was iets met Sevda. En met de kinderen van Sevda.' Maar verder kwam ze niet. 'O, heet ze Sevda?' zei Mia. Nou, Sevda was dood. Hoeveel kinderen had ze? Vijf? Die waren ook dood. Een beetje bot natuurlijk, om dat zo te vertellen. Maar Mia werkte nog maar kort bij Slachtofferhulp. Aan een slechtnieuwsgesprek was ze nog niet toegekomen. En het had het voordeel dat Gems geheugen meteen was opgefrist.

Mia stopte Gem met haar karretje in haar auto en bracht haar zo snel als ze kon naar de spoedeisende hulp in het Westeinde Ziekenhuis. Daar moesten ze dat maar verder bekijken. En dat bekijken werd gedaan door een verpleger die Gem kende. 'Hé Gem,' zei hij, 'wat fijn je te zien. Altijd lachen met jou. Maar wat is er met jou gebeurd? Klap op je hoofd gekregen?' Hij haalde haar dossier erbij. Dokter Freeser stond er. 'O ja, jij bent een patiënt van dokter Freeser. En ja, die is aanwezig. De hele afdeling Longziekten staat vanmorgen standby in verband met die brand.' Hij zou hem wel even bellen.

Intussen werd Gems hoofdwond vakkundig gehecht en van een tulband voorzien en werden ook de diverse brandwondjes in haar gezicht en op haar armen en benen behandeld.

Dat ging niet zo zachtzinnig allemaal, maar door die pijnlijke behandeling was Gem wel weer helemaal helder geworden. Ze moest maar weer eens op huis aan, zei ze.

'Hoezo "op huis aan"?' riep Mia, 'jouw huis is toch ook verbrand?'

O ja, er was een brand. Gem reageerde niet, die vervelende Mia had zich er niet mee te bemoeien. Straks stond die Freeser ook nog voor haar neus. Ze hees zich kordaat in haar karretje, maar werd door drie paar handen beetgepakt en op een brandcard vastgegespt. Het karretje werd achter de brancard vastgekoppeld.

'We rijden je eerst naar dokter Freeser, hij wil je zien, zegt hij. Je had nog een afspraak met hem en je was niet op komen dagen.'

'Ik ben niet ziek. Ik wil hem niet zien. Ik zeg geen woord tegen die stomme Freeser.'

82

'Hé Freeser,' zei Gem en ze begon waarachtig te huilen toen ze hem zag. 'Heb je 't gehoord? Je hebt het gehoord, hè. Ze zijn allemaal dood.'

Freeser knikte. Hij had het gehoord.

'Meisje toch,' zei hij en hij streelde zacht met één vinger over een nog ongeschonden plekje op haar wang.

'Sevda is dood. Je hebt het gehoord. Allemaal. Er is niemand over.'

83

Op het landelijke nieuws hoorde ik dat er in de Haagse Schilderswijk een verwoestende brand was geweest, waarbij een moeder en haar vijf kinderen waren omgekomen. Hun namen werden niet bekendgemaakt. Ik had geen moment het vermoeden dat de slachtoffers de bovenburen van Gem waren. Wel werd gezegd dat het om een Turks gezin ging. Ik schakelde ogenblikkelijk over naar TV West in de verwachting daar een uitgebreide reportage te zien. En jawel, ik viel er middenin. Ik zag hoe mensen uit aangrenzende woningen, die door het vuur of het bluswater beschadigd waren, werden geëvacueerd. Ontroerende beelden van oudere mensen – met een hondje in de arm of met een poes in een kattenbox of een kanarie in een kooi – die met een deken omgeslagen door mannen in uniform door het donker werden weggeleid. De verslaggever vertelde dat er in de tramremise door

Slachtofferhulp in allerijl een opvangplek voor de nacht gereed werd gemaakt.

De tramremise. Dat was toch op de hoek tegenover het kantoortje? De reporter hield de microfoon bij de mond van buurtbewoners. In plat Haags, in Turks, Marokkaans of Hindoestaans zeiden ze een paar zinnetjes, onverstaanbaar voor mij, maar de emotie vertelde het verhaal. De reportage werd gevolgd door een liveverslag. Een brandweerman porde met een stok in de verkoolde rotzooi, terwijl de politie bezig was sporen te verzamelen die moesten helpen bij het onderzoek, want natuurlijk zou moeten worden vastgesteld wat de oorzaak van de brand was. Was de brand misschien aangestoken of veroorzaakt door een ontploffing, zoals een opgewonden meneer nog net even door de microfoon kon roepen. Waar ik ook keek, overal zag ik glas en dampend puin. Intussen werden de eerste bloemen en beertjes neergelegd en de eerste waxinelichtjes aangestoken door huilende straatgenoten.

Wat zei hij ook weer? De tramremise?

En ineens zag ik Zus. Ze kwam aanpezen op haar brommer. Helm op. Hells Angels-bril op. Ze stopte achter de reporter en hield mensen aan, die ze ondervroeg. Ze werd meteen herkend en hier en daar op haar schouder geslagen. Ah! De vliegende non van de Schilderswijk! Goed dat ze er was, ze zou de mensen troost kunnen bieden. Er stonden inmiddels zeker twintig mensen bij Zus door elkaar heen te praten. Ze voelden aan haar alsof ze een heilige was, ze wezen naar de tramremise. Dáár zaten de mensen die hun huis hadden moeten verlaten. Een huilende vrouw wierp zich tegen Zus aan en kon rekenen op een paar armen om haar heen. De camera zwenkte weg van de reporter en focuste op Zus. Zus zette haar brommer neer en begon in haar fietstas te rommelen. Ze haalde er een grote plastic zak uit en begon lukraak uit te delen. Graaiende handen trokken de zak bijna kapot en Zus blèrde dat iedereen op z'n beurt moest wachten en dat iedereen wat kreeg en dat er genoeg was. De camera zoomde in op de handen van Zus, en tot mijn stomme verbazing zag ik dat ze de in kerstpapier verpakte gevulde koeken van Truus stond uit te delen. Waarschijnlijk had ze bij een controle onder het bed van Gem een doos van de door Gem gejatte gevulde koeken gevonden en meegenomen om als troost uit te delen aan die uit hun huis gejaagde stumperds. Een mooie manier om wat informatie los te krijgen. Jij een koek, dan krijg ik wat jij weet. De camera zoomde in op een vrouw die door mij goed te verstaan was.

Sevda, hoorde ik. En nog een paar maal Sevda. En dat ze zoveel deed voor de vrouwen in de wijk. En dat het zo'n gemis was dat ze nu dood was. En dat het zo erg was dat haar kinderen ook allemaal...

Zus liet de zak vallen, verstarde en beende met grote stappen weg uit beeld.

84

Voor de hele buurt bestond voorlopig niets anders. Het omgekomen gezin was naar een dorpje in Turkije gebracht en dagenlang waren de beelden van de begrafenis op TV West te zien, zelfs ieder uur. De rouwende vader werd overeind gehouden door zijn broers en neven, die echter niet konden verhinderen dat hij zich op de kist van zijn oudste zoon stortte, zijn naam roepend, en met zijn hand omhoog Allah aanriep. De broers en neven hadden al hun kracht nodig om de vader van de kist los te maken. Aan de zijkant stond een groepje vrouwen stil bijeen. Ze hielden elkaar vast, huilden geluidloos en troostten elkaar.

Gem zat op de bank in onze huiskamer. Rokend. Ze keek zwijgend, maar met ingehouden woede, naar de beelden. Mia, die naast haar zat, probeerde steeds haar hand te pakken, maar die werd door Gem resoluut weggeslagen. Al een paar dagen liep Mia bij mij in en uit. Ze probeerde voor Gem van belang te zijn, maar dat lukte niet. Uiteindelijk voelde ze dat ze 'te veel' was en zei ze zachtjes tegen mij dat ik haar kon opbellen als ze nodig was. Ze verdween stilletjes. Ze moest nog veel leren.

Wij thuis hadden woordeloos besloten dat Gem bij ons kon blijven zolang ze wilde. Af en toe ging een van ons bij haar in de buurt zitten. Vooral niet te dichtbij: we voelden aan dat we haar alle rust en alle tijd moesten gunnen en zwegen met haar mee. Ze bleef op haar plekje op de bank zitten. Als ze moe werd viel ze daar in slaap en dan dekten we haar toe. Ik zette zo stil mogelijk af en toe wat te eten voor haar neer. Een schijfje banaan, wat druiven, een sapje, wat nootjes, een crackertje. Een enkele maal stak ze iets in haar mond.

Op verzoek van Gem zocht ik contact met Guus. En hoe wonderlijk is toch telepathie, tijdens mijn pogingen om hem telefonisch te bereiken, stond hij daar ineens voor mijn deur. 'Gem,' was het enige wat hij zei. Ik knikte, en hij begreep dat ze bij ons zat. Ik bracht hem bij haar en liet ze alleen. In alle consternatie had ik niet gedacht aan dat andere drama dat op de schouders van Guus terecht was gekomen, het verlies van Mehmet, het levenskameraadje van Dicky.

85

Na een dag of vier, weer na het zien van de beelden, riep Gem plotseling: 'Waarom zijn er zoveel schreeuwende en huilende mannen? Normaal zie je ze nooit. En waarom zijn er zo weinig vrouwen, alleen een paar in een hoekje? En waar was die vader toen het huis in brand vloog? Zat hij weer in zijn theehuis? Waarom hebben die moeders geen theehuis? Waarom heeft Sevda geen theehuis?' Zinnen die ze als een mantra herhaalde, en die haar kracht gaven en nieuwe gedachten, zo leek het.

Plotseling stond ze op en zei ze langzaam en duidelijk: 'Ik ga naar Zus. Hoelang heb ik hier gezeten? Waar staat mijn karretje? Ik ga naar Zus.'

Haar tijd was om. Ze ging.

Maar ze ging niet. Ze bleef staan en keek naar haar voeten. 'Heb jij schoenen voor me? Ik loop nog steeds op mijn gore stinksokken. Ik weet echt niet waar mijn schoenen staan. Heb jij even schoenen voor mij?'

Die plotselinge overstap naar de actieve Gem bracht me een beetje van de wijs. Altijd die schoenen van haar. Als ik ze niet naar mijn hoofd geslingerd kreeg, dan moest ik ze voor haar meenemen, want het ongeluk wilde dat Gem en ik dezelfde maat hadden. Ik dacht aan die keer dat Gem mij vanaf het hoofdbureau van politie mocht opbellen. 'Die klojangs hier hebben me een nacht opgesloten in een cel. Maar eerst wel even mijn schoenen afgepakt omdat ze bang waren dat ik me aan mijn veters zou ophangen. En nou hebben ze die klerekrengen weggemaakt en nou moet ik wachten tot ze ze hebben teruggevonden. Ja, ammehoela. Als jij nou even een paar schoenen komt langsbrengen, dan mag ik weg. En anders zeg je maar dat ik claustrofobisch ben en dat ze de deur van de cel open moeten laten, dan smeer ik 'm wel op mijn sokken.' Gem op d'r best.

Ik grinnikte en dat werkte aanstekelijk, binnen de kortste keren grinnikte Gem met me mee. 'Wat lach je nou?' zei ze, 'of denk je toevallig ook aan die schoenen die je op dat politiebureau kwam brengen?'

'Ja, en aan de rest...'

'... die ik naar je kop heb gesmeten, bedoel je.'

Ze gierde het uit en viel me om de hals. 'Ach, lekker zeikwijf van me, hier, krijg je een smakkerd van me. Maak je niet ongerust, het gaat helemaal goed komen met me. Ik heb zoveel van Sevda geleerd dat ik alleen verder kan. En ga even m'n karretje halen, want ik ben nu echt weg.'

86

En het leek waarachtig of ze echt weg was, of ze naar een andere planeet was vertrokken. Een planeet waar alleen maar briefjes werden geschreven. Een week lang hoorde ik niets van haar en omdat het niet mijn gewoonte was achter 'cliënten' aan te lopen, besloot ik rustig te wachten tot ze contact met me opnam. Dat deed ze uiteindelijk op haar eigen manier, met het rondbrengen van briefjes. Haar vodjes papier. Haar handelsmerk. Ze trommelde ons weer bij elkaar. Voor iedereen die op de een of andere manier betrokken was bij De Werkschool, had ze een persoonlijke boodschap, bleek naderhand. Ze had er een week voor nodig om zo'n kleine honderd briefjes te schrijven, die ze vervolgens in jaszakken, tassen of brievenbussen liet verdwijnen. Op míjn briefje stond:

> Lekker zeikwijf van me, schrik niet, ik ga de plaats van Sevda innemen. Om haar te eren, want haar werk moet doorgaan en ook omdat ik hartstikke genezen ben. Ik ben niet meer bang dat ik zal stikken. Ik voel me lekker, wel benauwd af en toe, vooral 's nachts, maar lekker. Ik barst van de lol en de energie. En ik ga er met mijn kar weer tegenaan! Ik zie je zaterdag om drie uur in de aula! Een smakkerd van jouw Gem.

Die levenskracht van Gem was na die verschrikkelijke brand precies wat iedereen nodig had. Alle 'studenten', alle docenten, alle vrijwilligers en alle direct betrokkenen – de vrienden van Sevda en Gem, zoals Zus, Pater Pi-jet, Guus, Nellie, Truus, Ard, Priscilla en ik, die altijd stand-by stonden – maar ook de wijkagent, de financiële man, de Turkse bakker en zijn vrouw, de vrijgevige wethouders en de secretaresse van de burgemeester. We stonden zaterdag verstild bij elkaar, maar die stilte duurde niet lang, want Gem vroeg met ogen waar het groen van afspatte om een applaus voor Sevda en zette dat zelf als eerste in. Daarna sprak ze ons spontaan toe. Ze begon met de laatste woorden die ze tegen mij had gezegd, die middag dat ze aankondigde dat ze naar Zus ging: 'Ik heb zoveel van Sevda geleerd dat ik alleen verder kan.' En ze vervolgde: 'En lieve vrienden van me, dat geldt ook voor jullie. Jullie allemaal hebben zoveel van Sevda geleerd dat we met elkaar verder kunnen. Vanaf maandag gaan alle lessen weer beginnen. Ik heb met de docenten afgesproken dat ze hun lessen weer oppakken. Vanaf vandaag neem ik de plaats van Sevda in. Ik kan dat, want zoals jullie weten ben ik helemaal genezen, ik hoef niet meer terug naar het ziekenhuis. Ik zal voortaan de gesprekken voeren met de gemeente, zoals Sevda dat tot nu toe deed. Als jullie nieuwe ideeën en plannen hebben, kunnen jullie daar voortaan mee bij mij terecht en ik zal met jullie bekijken of ze uitvoerbaar zijn en ze samen met jullie op gang brengen. Onze financiële man zal zijn taak blijven verrichten zoals voorheen, De Miskoopt blijft ons winkeltje waarvoor vrijwilligers zich kunnen blijven opgeven en verder zal 'Gem de Sjers' vervangen worden door een van jullie, want *mijn* baantje is nu vrijgekomen. Wat Sevda is begonnen, zetten wij voort! Nog eenmaal applaus voor onze vriendin Sevda!'

Priscilla zag wel brood in het baantje van Gem. Dat kwam op het juiste moment, want graffitikunstenaar Chris zat nu definitief bij 'die Ria in dat panterpak', en bovendien vond ze 'Priscilla de Sjers' best goed klinken.

Zus was de enige die er vraagtekens bij plaatste. 'Priscilla laat altijd alles in het honderd lopen,' zei ze. 'Op haar eerste afspraak komt ze te laat, want ze heeft zich verslapen. De tweede afspraak belt ze af, want ze ging die avond maar eens vroeg naar bed, de derde afspraak is ze domweg vergeten en bij de vierde afspraak zegt ze: "Ik weet van niks, we hebben geen afspraak gemaakt." Leer mij Priscilla kennen.'

En iedereen lachte. Want iedereen hoorde bij iedereen en iedereen hield van elkaar, dus ook van Priscilla. En de zon scheen. Sevda had ons een prachtige dag en een prachtige Gem gegeven om opnieuw te beginnen. Wat kon ons gebeuren?

87

Maar het klopte niet. Tussen mij, Sevda en alle anderen gaapte een leegte, een leegte gevuld met zonlicht. De zon behoorde niet te schijnen. De dag behoorde niet prachtig te zijn, en Gem al helemaal niet. En niemand behoorde te lachen.

Ik meed de Frans Halsstraat. Van Zus hoorde ik dat de gemeente het puin in het stukje Frans Halsstraat dat door de brand was opgeslokt in korte tijd had laten opruimen en ook aangrenzende huizen onbewoonbaar verklaard had. Er waren zelfs al plannen om nieuwe huizen te bouwen op die open plek. Gem had een huisje aangeboden gekregen aan het eind van de straat, maar ze had het afgewezen, ze voelde zich thuis bij Zus en wilde bij haar blijven wonen. En Zus zou Zus niet geweest zijn als ze dat niet had aangegrepen om dan maar weer eigenhandig een muur door te slaan, want de gemeente had het pand naast haar toch nog niet platgewalst. Zo kon Gem bij Zus wonen én in het nieuwe gekraakte pand een eigen parterre krijgen, die door Pater Pi-jet meteen werd opgeknapt en ingericht.

Tegen mij luchtte Zus haar hart. Ze was doodsbang geweest dat Gem dat huisje aan het eind van de straat zou aannemen. Want wat niemand zag, zag Zus. 'Stil, niet tegen anderen zeggen, ik vertel dat alleen aan jou.' Gem was ernstig ziek. Ze deed alsof ze niets mankeerde, maar ze wist zelf wel beter. Ze at nauwelijks meer, verloor alleen maar gewicht en Zus hoorde haar de hele nacht hoesten. En niet zomaar hoesten. Alsof ze stikte. Zus was al een paar keer naar haar kamer gelopen, had voor haar deur geluisterd, maar durfde niet naar binnen te gaan, want Gem zou razend op haar worden en misschien zelfs weglopen. Maar de volgende ochtend ging Gem weer rustig naar De Werkschool om daar de zaak te regelen. Ik moest toch ook zien dat Gem met de dag achteruitging? Kon ik haar niet naar die Freeser krijgen? Want zo kon het toch niet doorgaan? En Guus was ook al doodongerust, was komen praten met Gem, maar ze had hem doodleuk weggestuurd. En toen had Guus nog geprobeerd of Ard... Voor Ard had ze toch altijd respect en die had ze ook als een kleine jongen weggestuurd. En of ik dan niks zag.

88

Ja, natuurlijk zag ik het. Ik zag Gems opgefokte enthousiasme dat haar op een dag zou breken. Ze jutte iedereen op. Ik begreep de angst van Zus, want het was *míjn* angst. En van Guus en van Ard. Gem was niet te stoppen, ze was met haar eindspurt bezig. Sevda, de motor van alles, was dood, en Gem zinderde krampachtig van het leven. Het klopte niet. Ik voelde dat wat bedoeld was als een eerbetoon aan Sevda, eigenlijk verraad aan haar was. Die dubbelheid knaagde aan me en omdat Gem ook niet naar mij zou luisteren, overwoog ik me een poosje terug te trekken. De kans bestond dat ze zich dan uit zichzelf aan mij over zou geven. Zoals ze zich indertijd huilend in mijn armen had gestort toen ze op was, niet meer kon. 'Jij weet het toch zo goed,' zei ze toen, 'zeg jij dan maar wat er met mij moet gebeuren.'

Ik stond klaar om haar te zeggen wat er met haar moest gebeuren. Maar dan zou ik me eerst een poosje moeten terugtrekken. Ik besprak het met Ard.

'Je bedoelt dat ze eerst nog maar door moet gaan met symbolisch sneakers en asbakken en Iglo-maaltijden naar ons hoofd smijten tot ze zelf ziet dat de dood erop volgt,' zei Ard.

'Ja, want zo zit Gem in elkaar.'

'Gevaarlijk,' zei Ard, 'maar ik vrees dat we geen keus hebben.'

89

'We hadden toch plannen om een fietstocht door Frankrijk te maken? Waarom doen we dat niet?' zei ik tegen mijn man.

Hij keek me ongelovig aan. 'Ik heb het je maar niet meer gevraagd, want je hebt nooit tijd.'

En dat was zo, ik stelde alle vakantieplannen uit. Zelfs een fietstocht door Frankrijk waarbij onze koffer door een chauffeur naar het volgende hotel werd gebracht.

'Ik bedoel eigenlijk: je hoofd staat er niet naar. Er zijn andere dingen die je bezighouden.'

'Maar nu wil ik weg,' zei ik. Weg van die onrechtvaardige zon. Weg van het lachen om me heen. Weg van mezelf natuurlijk. Weg van mijn dubbelheid. En van het niet kloppen. Maar vooral weg om Gem de kans te geven naar me toe te komen.

'Nou, dan gaan we toch,' zei mijn man. 'Morgen? Overmorgen? Zeg het maar.'

'Morgen. Zet de fietsen maar op de auto en ga maar tanken,' zei ik. 'Gooi ik wat kleren in een koffer.'

'Is goed,' zei hij, 'vergeet m'n zwembroek niet.'

90

Ik hoorde de telefoon overgaan. Drie keer. Vier keer.

Mijn jongste dochter, ellebogen op tafel, neus in een boek, vroeg: 'Waarom neem je niet op?'

'Omdat ik er niet ben,' zei ik. 'Zeg maar dat ik op vakantie ben. Fietsen in Frankrijk. Onbereikbaar.'

Ze observeerde me. Nam op. 'M'n moeder?' vroeg ze. 'Nee, die is er niet. Is op vakantie. Onbereikbaar. En zwáár overspannen.'

'Was Ard,' zei ze. 'Prettige vakantie, zei hij.'

91

De beste manier om je zorgen te ontvluchten is inderdaad met je fiets op vakantie gaan. Al na één dag was ik voornamelijk geïnteresseerd in het aantal kilometers dat ik nog moest wegtrappen en de kwaliteit van het bedje dat die avond voor me gespreid lag. De eerste dagen vroeg ik nog wel bij aankomst in een volgend hotel of er een fax of een telefoontje voor me was gekomen, maar ook daar maakte ik na een dag of vijf geen probleem meer van. Ik belde regelmatig op naar huis en Pater Pi-jet en Ard hadden al mijn gegevens, we waren te bereiken in noodgevallen. En wat voor noodgeval kon er zijn? Ik kon beter genieten van het hier en het nu. De zon scheen. De wijn deed wonderen en de kok was in alle hotelletjes een tovenaar. Waarom gingen we hier niet wonen, eigenlijk? Hoeveel vrienden van ons hadden hier niet een huis met een zwembad? Mijn man herinnerde mij er fijntjes aan dat ik voor geen goud een tweede huis wilde hebben, en al helemaal niet met een zwembad. Want daar vielen bladeren in en die moest je eruit vissen. O ja, had ik dat ooit gezegd? Nou, daar kon ik me echt niets van herinneren. Dat was dan zeker heel lang geleden, dat ik dat zei, toen ik nog midden in mijn sociale soesa zat, ja, toen kon ik niet weg uit Den Haag natuurlijk. Mijn man herinnerde me er weer héél fijntjes aan dat ik nog steeds midden in mijn sociale soesa zat, en misschien nog wel dieper dan tien jaar geleden, want dat ik nog maar kortgeleden dagelijks opbelde naar Gem en naar Zus en naar zus en naar zo en dat we daarom nooit plannen konden maken voor onze vakantie. Maar dat wimpelde ik af met 'Dat is onzin' en ik kondigde aan dat ik vanaf morgen in de etalages zou snuffelen van de plaatselijke makelaars en dat ik tijdens onze fietstochten ook goed om me heen zou kijken of er misschien nog iets te koop stond. Een huisje in Frankrijk, eventueel met een zwembad en een groot grasveld met in het midden een appelboom met een tafel eronder met mijn hele familie daar etend omheen. Dat leek me de oplossing van alles.

Maar na een dag of tien – en nog tien dagen fietsen voor de boeg – kwam die vreemde onrust weer op. Het gevoel dat het niet klopte. En dat ik best wist dat het niet klopte. En dat ik niet net moest doen...

'Ik ga Ard bellen,' zei ik.

'Waarom? Als er iets is, dan belt hij jou wel.'

92

Nog geen vijf minuten later kwam de eigenaresse van het hotel naar onze tafel toe. 'Er is een fax gekomen voor u,' zei ze.

We stonden allebei op.

'In mijn kantoor, loopt u even mee?'

Mijn man pakte me vast bij mijn bovenarm en stuurde me achter de vrouw aan. Ik voelde hoe mijn onderarm er zinloos bij bungelde.

'Gaat u maar even zitten,' zei de vrouw. Ze schoof een stoel uit en wees naar een vel papier.

Mijn man stak zijn hand ernaar uit. 'Zal ik hem lezen?' vroeg hij. Ik schudde nee en hij gaf het vel aan mij.

'Van Ard,' zei ik.

93

Niemand had kunnen ingrijpen. Gem ging haar eigen weg. Ze had zichzelf genezen verklaard. Ze had zichzelf uitgeroepen tot de opvolger van Sevda. Het eerbetoon aan Sevda betekende de voortzetting van De Werkschool. De vrouwen die voor een eigen ontwikkeling, een eigen weg kozen, moesten een kans krijgen. Maar de eigen weg van Gem eindigde in het nieuwe ikea-bed dat Pater Pi-jet voor haar gekocht had. Zus zei dat ze gestikt moet zijn in het slijm en het bloed van haar laatste hoestbui en dat ze haar niet had kunnen helpen, omdat ze haar deur op slot had gedaan en met een stoel had gebarricadeerd.

We hebben je hier nodig.

Rij voorzichtig.

Ik faxte één zinnetje terug:

We komen naar huis.

94

Ik haalde de brief die dokter Freeser mij had gegeven tevoorschijn. Gems laatste wens. Ik kende hem uit mijn hoofd, maar ik had er behoefte aan om sommige passages nog eens te lezen.

Wat ik wens. Ik wil begraven worden op een open boerenkar. Daar moet mijn kist op. Omdat mijn echte moeder van een boerderij kwam. [...] Liefst met twee knollen ervoor.

Ze had haar moeder nooit gezien. En niemand wilde haar vertellen wie haar moeder was. De kinderbescherming niet en jeugdzorg al helemaal niet. 'Misschien heb ik haar wel opgegeten,' zei ze eens.

En ik wil één volgwagen. En daar moet Yvon in. In die lange jurk die ze aanhad toen ik bij haar kwam, die eerste keer in het opvanghuis. Yvon moet wat zeggen, want ze weet wie ik ben en wie ik ben geworden. En Ard ook, als hij wil. En achter die volgwagen komt Guus in z'n eigen auto met Nellie, Dicky en Pien en de nieuwe broertjes van Dicky, want Guus gaat echt niet in een volgwagen. En mijn nieuwe familie, die mij heeft weggegeven, hoeft niet te komen. Dit is wat ik wens.

95

Een open boerenkar. De man van de uitvaartvereniging zou ernaar informeren. Hij had nog nooit zo'n vreemd verzoek gehad. En dan nog wel met twee knollen ervoor. De verzekering zou ze vast niet vergoeden. Lopen achter de lijkwagen mocht wel, zelfs met een grote groep. Dat moest hij wel even doorgeven aan de politie natuurlijk. Maar een open boerenkar met een kist erop en met twee knollen ervoor... En dan één mevrouw in een volgwagen? Had de overledene geen familie? Stel dat het wél mocht van de gemeente, dan was het nog een heel gedoe. Want kwam er niet een hele school achteraan lopen? Dat gaf een hoop bekijks, dan waren er verkeersregelaars nodig. En motoragenten die vooropreden en de stoet afsloten. Daar moest je een vergunning voor aanvragen, net als voor een demonstratie.

De man van de uitvaartvereniging kon me de volgende dag melden dat de gemeente geen gedoe wenste. En geen bekijks en geen verkeersregelaars wilde. De politie maakte zelf uit of ze de stoet wilde begeleiden.

Dus geen vergunning en geen open boerenkar.

De man was duidelijk opgelucht.

Ik ook.

96

Eenmaal alleen in de volgwagen gluurde ik door de verduisterde ruiten. Ik had de 'lange jurk' aan die zo kenmerkend was voor de jaren zeventig en tachtig en die ik als een relikwie bewaard had.

We reden stapvoets. Was dat zo afgesproken? Ik zag de Schilderswijk langzaam aan me voorbijglijden.

Ik zag vrouwen met hoofddoeken en in hun mooiste jurk met een bloem in hun hand langs de route staan. Het waren de Turkse en Marokkaanse vrouwen die door Sevda in De Werkschool een nieuwe toekomst hadden gekregen. Ze had ze losgeweekt uit hun huiskamers, geholpen door haar vriendin Gem. Vooral het laatste jaar was hun samenwerking hecht geweest. Sevda en Gem zorgden ervoor dat de vrouwen onderwijs kregen.

Ik zag dat Rachida haar bloem eerst kuste en vervolgens op de neus van de lijkwagen legde. Fatma, Elif en Hassna deden haar na. Ik zag ineens Gems advocaat Michaël en zijn collega Igor onhandig in de weer met een groot boeket, dat ze ook op de neus van de auto wilden leggen, maar dat er steeds van afgleed. Al meelopend konden ze uiteindelijk een stabiel plaatsje voor hun bloemen vinden.

Priscilla dook op, Gems vriendin uit de donkerste tijd van haar leven, voor altijd met Gem samen 'De meiden van Zetten'. Ze zwalkte huilend van links naar rechts, ondersteund door haar maffe vriend Chris, de graffitikunstenaar die kennelijk weer gedumpt was door zijn pantermadam en die al net zo zwalkte als zij. Hij waarschijnlijk door de drugs en de alcohol. Zij door haar verdriet. Want Gem... Gem... wat was het leven voor haar zonder Gem?

De Turkse bakker met zijn vrouw, de meiden van het huiskamerprojekt van Truus – de 'Tippelmeiden uit de Waldorpstraat', zoals ze door de buurt genoemd werden – Pater Pi-jet en de wijkagent, langzaam meefietsend op hun fietsjes, de leerlingen van De Werkschool, de 'financiële man', de wethouders, de secretaresse van de burgemeester, de bewoners van de kraakpandjes van Zus, ze liepen mee met Gem, gooiden bloemen naar haar, vormden een haag waar we stapvoets doorheen reden met voorop vier motoragenten.

97

Ard kwam naar voren. Ik had hem tot nu toe alleen in spijkerbroek gezien, met T-shirt, trui of leren jasje. Nu stond hij daar onwennig in een donker pak, alleen te herkennen aan zijn bos blonde, licht grijzende haren, die hij een paar keer achteroverstreek voor hij zich tot ons richtte. 'Er zal maar één spreker zijn,' zei hij. 'Eén spreker, die op verzoek van Gem, in de enige volgwagen die Gem wilde hebben, hiernaartoe is gekomen, om – al weer op verzoek van Gem – ons te vertellen waar Gem vandaan komt, wie zij is en wie zij is geworden.' Ard keek mij aan en kwam naar me toe. Ik stond op en hij nam me bij de hand, bracht me naar de katheder, controleerde of de microfoon op de goede hoogte stond en vulde mijn glas met water. Hij knikte me toe en ging op de eerste rij naast Zus zitten.

Ik keek de zaal in.

In een flits zag ik ze zitten op de eerste rij. Zus op de hoek, onafgebroken biddend. Ard, en daarnaast Pien, en Dicky tussen zijn nieuwe broertjes in. Dicky, niet meer het kleine ventje, maar een jongen die op de havo zat, de groenbruine ogen van zijn moeder en de stevige bouw van zijn vader. Guus en Nellie. Truus en waarachtig de directeur van de gevangenis waar Gem en Priscilla een jaar zaten. Michaël, Igor en dokter Freeser. Ik keek ze allen even aan.

'Halverwege de jaren zeventig is ze schreeuwend bij mij terechtgekomen, vergezeld van een stapel rapporten die haar leven met een enkel woord afdeden. Ze smeet meteen een paar schoenen naar mijn hoofd, want ík vertegenwoordigde de vijandige maatschappij die haar van haar moeder had gescheiden en die er de oorzaak van was dat ze van kindertehuis naar kindertehuis was gestuurd. Zeventien in totaal. En van pleeggezin naar pleeggezin. Acht pleeggezinnen hadden hun tanden op haar stukgebeten. Zelfs psychiatrische inrichtingen had ze vanbinnen gezien. Niet omdat ze een psychische stoornis had, maar omdat haar opvoeders zich geen raad wisten. Van vrijwel al die plekken is ze in wanhoop en woede weggevlucht. Uiteindelijk kwam ze bij mij. Een wilde kat. Van dit kind ga ik houden, wist ik. En zij van mij. Als we elkaar tenminste niet vermoorden.'

Dankwoord

Allen die mij bij de totstandkoming van dit boek hebben geholpen, ben ik dank verschuldigd. Als eerste Tanja Hendriks, directeur-uitgever van Ambo|Anthos. Zij heeft mij gestimuleerd om het boek te schrijven over Gemmetje Victoria, het meisje dat op mijn pad kwam nadat ze was weggevlucht uit de gesloten inrichting voor 'gedragsgestoorden' in Zetten. Ik heb Gemmetje tot haar dood bijgestaan en waar nodig begeleid. Door te beschrijven wat er met haar is gebeurd kan ik laten zien hoe het een hele groep is vergaan en nog steeds vergaat. Ik hoop van harte dat jeugdzorg, die hier een grote rol in speelt, zich diep zal schamen wanneer dit boek door hen wordt gelezen. En natuurlijk dank ik Gemmetje, omdat zij was zoals zij was, spontaan, met een nietsontziend commentaar en met een eerlijk Haags taalgebruik dat ons haar ellende bijna doet vergeten. Liesbeth Vries bekeek mijn manuscript met een kritisch oog, hetgeen commentaar en veel verbeteringen opleverde. Ze liet zich geen moment omverblazen door de hartverscheurende passages en de dwaze situaties waarin Gemmetje terechtkwam. Dank hiervoor, Liesbeth! En dank, bureauredacteur Cécile van Son, voor je precisiewerk, het in elkaar zetten van de uiteindelijke tekst. En dank, Annemieke van Plateringen. Jij kreeg de taak om de pr op je schouders te nemen en dat heb je met kundigheid en groot enthousiasme gedaan. Mijn collega's Elvin Post en Mohammed Benzakour neem ik ook in dit rijtje op. Ik kan niet uitleggen waarom ik deze jonge schrijvers zou moeten bedanken, ik vermoed omdat ze mij tijdens mijn schrijfperiode regelmatig opbelden om me moed in te spreken en vooral om het 'schrijversgevoel' met me te delen. Dus toch: dank, jongens! En ten slotte dank ik mijn vriendin Conny Wittekoek, die ervoor zorgde dat mijn manuscript niet verloren is gegaan. Zij sloeg mijn tekst veilig op, wetende dat ik altijd op de verkeerde knop druk, waardoor al eens eerder een half boek van mij in de kosmos is verdwenen. Dank, Conny, dat dit deze keer niet is gebeurd.

De papieren en de werkelijke wereld

Interview met Yvonne Keuls, oktober 2021

Thomas Rueb

Het was de blik die haar verontrustte. Iets met de ogen. Lusteloos, ongelukkig, misschien zelfs bang? Yvonne Keuls deed ooit mee met een lesprogramma waarin schrijvers schoolklassen vertellen over literatuur. Ze had vaker voor een klas gestaan, was ervaren genoeg, maar leerlingen zoals die ochtend had ze niet eerder tegenover zich gehad. Het waren de vroege jaren zeventig, en er leek iets, ja, veranderd. Drugs hadden hun weg de maatschappij in gevonden, er zwierven kinderen over straat en opvanghuizen voor jonge mensen bestonden nog niet. En dan nu, deze leerlingen, ze leken op niets wat ze zei te reageren.

'Jongens,' vroeg Yvonne, 'wat ís er toch met jullie?'

Geen antwoord.

In een opwelling greep ze een krijtje en kraste haar telefoonnummer op het schoolbord. Ze zei: 'Ik ben Yvonne. Als je in de problemen komt: bel me maar.'

Stilte, weer.

Maar toen ze later thuiskwam, trof ze haar dochters verbijsterd aan. 'Mam, wat heb je in godsnaam gedaan? Wie zíjn al die lijpo's?' De telefoon bleek die dag geen moment gestopt met rinkelen.

Yvonne nam de telefoontjes aan en kreeg zo, in haar eigen huiskamer, de verdrietigste verhalen te horen, een dwarsdoorsnede van de problemen van die tijd. 'Ik kan niet meer naar huis.' 'Mijn vader slaat me.' 'Ik wil stoppen met drugs.' Het verontrustende gevoel waardoor ze in de klas was overvallen, werd erdoor bevestigd. Dit waren jongeren die dachten dat ze nergens terecht konden. Dat er niemand op de wereld zou opkomen voor hun belangen. Dat ze alleen stonden.

Deze kinderen hadden meer dan een goed gesprek nodig, begreep Yvonne, ze hadden behoefte aan hulp.

'Toen wist ik het zeker, zó zeker,' herinnert ze zich. 'Dit is wat ik moet gaan doen.'

De schrijver besloot radicaal te stoppen met schrijven en hulpverlener te worden. Een afslag, een drastisch besluit – en dát op een moment dat de hele wereld aan haar voeten lag. Kort daarvoor had ze met overweldigend succes een bewerking van Louis Couperus' *De boeken der kleine zielen* op televisie gebracht. 'Je moet beseffen dat er nog maar twee tv-zenders waren toen: net 1 en 2. Half Nederland heeft die serie destijds gezien. Daarna werd ik gevraagd om hoofd drama van de NCRV-televisie te worden, en vervolgens redacteur bij *Het vaderland*, dé grote literaire krant. Werkelijk iedereen trok aan me. Ze zeiden: zo'n succes hebben met die ouwe Couperus, iemand die dat kan...'

Die kan alles.

'Zo dom zijn mensen, hè.' Ze barst in lachen uit. 'En ik zei tegen alles nee.'

Maar... waarom?

'Ik was op een punt aangekomen van: tot hier en niet verder. Jarenlang was ik uitsluitend bezig geweest met papieren mensen, met personages. Dat wilde ik niet langer. Ik wilde me met échte mensen bezighouden, met echte problemen en echte levens.'

Zoals die van de kinderen die begonnen te bellen?

'Exact.'

Lange telefoongesprekken in haar woonkamer leidden tot talloze ontmoetingen, inkijkjes in getroebleerde levens, die Yvonne tot een inzicht brachten: deze kinderen hadden een plek nodig, en die was er nog niet. 'Ergens waar ze konden binnenlopen zonder dat ze meteen moesten vertellen wie ze waren, waar ze vandaan kwamen, zonder onmiddellijk overleg over wat er al dan niet met ze moest gebeuren. Dat kwam later allemaal wel. Gewoon eerst: warm eten, schone kleren, een bed. Een plek waar ze zouden voelen dat ze welkom waren en waar ze ook mochten blijven.'

Yvonne sloot zich aan bij een groepje gelijkgezinden, dat onder leiding van de jeugdpsychiater Margriet Reijers een huis vond in de Scheveningse duinen, een voormalig tehuis voor ongehuwde moeders dat al een tijdje leegstond. Ze wierven fondsen en openden in 1973 de deuren van een opvanghuis voor jongeren. Een jaar lang was dát Yvonnes leven.

De kinderen kwamen, tientallen, honderden. In het jaar dat ze bestonden vingen ze in het huis tweehonderdzestig kinderen op. Echte mensen, stuk voor stuk. En één van hen was Gemmetje Victoria.

Gemmetje is dus echt?
'Ze is helemaal echt. Haar groenbruine ogen – ik zie ze nog steeds voor me.'

Maar ze is óók papier?
'Ze is ook dit boek.'

De wereld van de echte mensen is zich dus gaan vermengen met die van papier?
'Ze schoven over elkaar heen. Dat kwam zo: ik was de jeugdzorg in gegaan om iets te veranderen, maar toen ik daar eenmaal mee bezig was, begreep ik dat ik dat nooit met mijn blote handen zou kunnen. Vanuit de hulpverlening ging me dat als één persoon niet lukken. Na een jaar moesten we de plek weer sluiten, vanwege een tekort aan financiën. Het was rond die tijd dat ik een interview las met Aleksandr Solzjenitsyn, de Russische schrijver, die de Nobelprijs heeft gewonnen. Hij zei zoiets als: het is de taak van de schrijver om de wereld te verbeteren, niet met zijn handen, maar door te signaleren en zuiver te informeren. Dan zouden deskundigen daarmee iets kunnen doen. Hij heeft gelijk, dacht ik, zó moet ik het gaan doen.'

Yvonne ging dus toch weer schrijven. Over wat ze zag, wie ze zag, alles wat ze meemaakte en hoorde.

'Signaleren en informeren,' zegt ze. 'Schrijvend kon ik zoveel meer bereiken.' Ze verwerkte haar ervaringen in boeken, toneelstukken en hoorspelen. *Jan Rap en z'n maat* (1977), waarvoor haar dagboekaantekeningen als basis dienden, *De moeder van David S.* (1980), *Het verrotte leven van Floortje Bloem* (1982), *Annie Berber en het verdriet van een tedere crimineel* (1985). Werken van fictie, zeker – en toch óók de werkelijkheid, zegt Yvonne. 'Het begint met de werkelijkheid, en als ik die wil beschrijven komen er herinneringen bij me boven, die ik verwerk. Het gat daartussen overbrug ik met fantasie. Maar het is allemaal wáár. Zo kun je inzicht geven en misschien wat invloed uitoefenen.'

De échte mensen uit haar leven werden de papieren mensen uit haar boeken, en die boeken veranderden op hun beurt weer het leven van echte mensen.

En dit boek, dit papier, moet dat ook iets veranderen?

'Er is sinds de tijd van Gemmetje nauwelijks iets verbeterd in de jeugdzorg. Ik moest dat kind beschermen tegen de instanties in plaats van dat zij háár beschermden. Dat is nog steeds zo. Op dit moment zwermen er soms veertig hulpverleners om één kind heen, casemanagers – dat werkt niet. De instanties denken dan gewoon niet in het belang van het kind. Ze luisteren niet, geloven niet in het verhaal van het kind. Ze beseffen niet dat wat kinderen vertellen hún waarheid is. Als ze dat wel zouden beseffen, zouden ook zij erachter komen dat je met alleen papieren mensen, dossiers, niet verder komt.

Dat was toen zo, met Gemmetje, en ik denk dat het nóg zo is. Met dit boek wilde ik het faillissement van de jeugdzorg in Nederland laten zien aan de hand van één leven.'

Waarom dan juist nu, na – wat is het – bijna vijftig jaar?
'Ik weet de datum nog: 24 oktober 2020. Ik weet niet wat er was, maar op 24 oktober ben ik achter mijn computer gaan zitten en als een gek begonnen te schrijven, en ik zei tegen mezelf: nu kom je er niet meer onderuit. Je bent bijna negentig, wat denk je eigenlijk, dat je honderdtien wordt? Je moet het nú doen. Je bent helder. Je weet alles nog.

En ik weet ook echt alles nog. Ik wist altijd dat ik dit boek nog eens zou schrijven.'

En Gemmetje wist dat dus ook?
'Zij wist het meteen. Ik heb nooit helemaal begrepen waarom. Ik hield meteen van haar, en ík niet alleen. Ze had een ongelooflijke aantrekkingskracht op iedereen. Aan de ene kant was haar werkelijkheid hartverscheurend gruwelijk, maar aan de andere kant had ze zoveel humor en een ongekend vermogen om, ondanks die werkelijkheid, haar leven voort te zetten. Tot het niet meer ging. Ik ben Gemmetje altijd bij me blijven dragen, ze zit ook nu nog vlak onder de oppervlakte. En dat móést er een keer uitkomen.'

Zij leeft niet meer, maar nu heeft ze dus toch gelijk gekregen?
'Ze heeft gelijk gekregen. En het mooie is: door dit boek te schrijven heb ik haar toch weer op een andere manier leren kennen. Dingen waar ik destijds niet zo lang bij had stilge-

staan, ben ik nu ineens glashelder gaan zien. Hoe grappig ze was, bijvoorbeeld, maar ook hoe bang. Ik heb haar nu eindelijk helemaal kunnen ontleden.'

Voelt dit boek, nu, als een belofte aan haar die dan eindelijk is nagekomen?

Yvonne Keuls denkt even na. 'Ja,' zegt ze dan en ze glimlacht. 'Ja, natuurlijk.'

Werken van Yvonne Keuls

1960 *Foei toch, Frances* (toneel), Maestro
1962 *Niemand de deur uit: klucht in 6 taferelen* (toneel), Maestro
1965 *Kleine muizen* (toneel), Haagsche Comedie
1966 *Kleine muizen* (NCRV-televisie)
1967 *Onbegonnen werk* (NCRV-televisie)
1968 *Vertel me iets nieuws over de regenwormen* (NCRV-televisie)
1968 *Thee voor belabberden* (toneel)
1968 *Kattenstad* (toneel)
1968 *Strategisch goed* (toneel)
1968 *De spullen van de Turkse staat* (toneel), Haagsche Comedie
1969 *De toestand bij ons thuis* (proza), Ad. Donker
1969 *De boeken der kleine zielen*, naar de gelijknamigeroman van Louis Couperus (NCRV-televisie)
1970 *Stippen* (toneel), Haagsche Comedie
1970 *Over lijken* (toneel), Haagsche Comedie
1970 *Jam* (toneel), Haagsche Comedie
1973 *Thee voor belabberden* (toneel), De Toneelcentrale
1974 *De koperen tuin*, naar de gelijknamige roman van Simon Vestdijk (hoorspelserie)
1975 *Groetjes van huis tot huis* (proza), Leopold
1975 *De koperen tuin*, naar de gelijknamige roman van Simon Vestdijk (NCRV-televisie)
1975 *Klaaglied om Agnes*, naar de gelijknamige roman van Marnix Gijsen (NCRV-/BRT-televisie)

1976 *Van huis uit* (proza), Leopold
1977 *Jan Rap en z'n maat* (proza), Ambo
1977 *Jan Rap en z'n maat* (toneel), De Theaterunie
1979 *Keuls potje* (proza), Leopold
1980 *Keulsiefjes* (proza), Leopold
1980 *De moeder van David S., geboren 3 juli 1959* (proza), Ambo
1981 *Kleine muizen en Regenwormen: twee eenakters* (toneel), Ambo
1981 *Jan Rap en z'n maat* (Veronica-televisie)
1982 *Kleine muizen* (Veronica-televisie, remake)
1982 *Vertel me iets nieuws over de regenwormen* (NCRV-televisie, remake)
1982 *De moeder van David S.* (NCRV-televisie)
1982 *Het verrotte leven van Floortje Bloem* (proza), Ambo
1983 *Negenennegentig keer Yvonne Keuls* (proza), Leopold
1983 *Achtennegentig keer Yvonne Keuls* (proza), Leopold
1983 *Waar is mijn toddeltje?* (jeugdboek), Leopold
1984 *De hangmat van Miepie Papoen* (jeugdboek), Leopold
1985 *Het welles nietes boek* (jeugdboek), Leopold
1985 *Annie Berber en het verdriet van een tedere crimineel* (proza), Ambo
1985 *Jan Rap en z'n maat* (toneel), in nieuwe bezetting
1986 *De arrogantie van de macht* (proza), Ambo
1986 *De moeder van David S.* (toneel)
1988 *Daniël Maandag* (proza), Ambo
1988 *Het verrotte leven van Floortje Bloem* (toneel)
1989 *Jan Rap en z'n maat* (film), Riverside Pictures
1990 *De tocht van het kind* (proza), Ambo
1990 *Dochterlief* (proza), Novella
1991 *Alwientje* (proza), Novella
1991 *Indische tantes* (proza + cassette), Novella
1992 *Meneer en mevrouw zijn gek* (proza), Ambo
1993 *Die kat van dat mens* (proza), Novella
1993 *Meneer Fris en andere mannen* (proza), Novella
1993 *Tommie* (toneel), gebaseerd op *Annie Berber en het verdriet van een tedere crimineel*
1994 *Slepend huwelijksgeluk* (proza), Novella
1994 *De tocht van het kind & Daniël Maandag* (proza), Ambo
1995 *Voorzichtig, voorzichtig* (proza), Novella
1995 *Lowietjes smartegeld of: het gebit van mijn moeder* (proza), Ambo
1997 *Keulsiefjes* (proza), Ambo
1999 *Mevrouw mijn moeder* (proza), Ambo

1999 *Dochters* (proza), Ambo
2000 *Die kat van dat mens* (proza), Ambo
2000 *Slepend huwelijksgeluk* (proza), Ambo
2000 *Aan tafel met Yvonne Keuls* (verhalenkookboek), De Fontein/Ambo
2001 *Mevrouw mijn moeder & Indische tantes* (dubbel-cd), Ambo
2001 *Indische tantes* (proza), Ambo
2001 *Madame K. Van Indisch kind tot Haagse dame* (proza), Ambo
2004 *Trassi Tantes* (proza), Ambo
2004 *Trassi Tantes* (luisterboek), Rubinstein
2004 *Familiegedoe* (proza), Ambo
2005 *Op reis met Yvonne Keuls* (proza), Ambo
2006 *Mevrouw mijn moeder* (luisterboek), Rubinstein
2006 *Jan Rap en z'n maat* (luisterboek), CVPublishing
2008 *Lieve koningin* (proza), Anthos
2008 *Lieve koningin* (luisterboek), Rubinstein
2008 *Benjamins bruid* (proza), Anthos
2008 *Benjamins bruid* (luisterboek), Rubinstein
2009 *Allemaal beestjes* (proza), Anthos
2009 Toneelbewerking *Oeroeg*, in opdracht van Hella Haasse en het CPNB in het kader van 'Nederland Leest'
2009 *Yvonne Keuls' favorieten* (luisterboek), Bright Vision
2009 *Alle Indische tantes* (luisterboek), Rubinstein
2011 *Meneer en mevrouw zijn gek* (luisterboek), First Monkey Media
2011 *Meneer en mevrouw zijn gek* (proza), Anthos
2011 *Gedragen op de wind* (schrijversprentenboek), Anthos
2013 *Koningin van de nacht* (proza), Ambo|Anthos
2014 *Rapport Tommie* (proza), Ambo|Anthos
2016 *De complete Keulsiefjes* (proza), Ambo|Anthos
2018 *Zoals ik jou ken, ken jij mij* (proza), Ambo|Anthos
2020 *Ik heb je lief* (met Max Douw) (proza en liedjes), Ambo|Anthos

Prijzen

1967 Mr. H.G. van der Vies-prijs voor *Onbegonnen werk* (televisie)
1978 Prijs der Kritiek van de Nederlandse theatercritici voor *Jan Rap en z'n maat* (toneel)
1979 Het Zilveren Jongeren Paspoort voor *Jan Rap en z'n maat* (toneel)
1992 De Floortje Bloem Prijs voor *Meneer en mevrouw zijn gek* (proza)
1999 Trouw Publieksprijs voor *Mevrouw mijn moeder* (proza)
2012 De Cultuurprijs van de stad Den Haag
2018 Littéraire Witte Prijs voor het gehele oeuvre
2020 De Peter van Straaten Psychologieprijs van de Universiteit Leiden voor *Het verrotte leven van Floortje Bloem*

Yvonne Keuls werd in 1999 benoemd tot Ridder in de Orde van de Nederlandse Leeuw